W0287324

Jenseits von Kreml und Rotem Platz

Als die Sowjetunion von der politischen Landkarte verschwand und Rußland seine Grenzen öffnete, zog der Fotojournalist Hans-Jürgen Burkard für den „Stern" nach Moskau. Seit sechs Jahren schickt er seine Reportagen nach Deutschland, viele von ihnen wurden preisgekrönt. In diesem Buch hat er die eindringlichsten Fotos über das Leben des Volkes in dieser außergewöhnlichen historischen Umbruchszeit zusammengestellt. Er fotografierte Menschen, die tief verunsichert und verzweifelt auf der Suche nach Sinn in extremen Situationen leben: Kinder, die zu Bettlern, Dieben und Mördern wurden, Lagerinsassen, die sich in der „Freiheit" nicht mehr sicher fühlen, oder sibirische Nomaden, die ihr Weideland verlieren, weil Erdgasreserven westliche Investoren anlocken sollen.

Den Text schrieb Katja Gloger, Rußland-Expertin und jahrelang „Stern"-Korrespondentin in Moskau. Der Schriftsteller Jewgeni Popow gibt in einem Vorwort seine Einschätzung über diese Zeit der Wirren in seinem Land.

192 Seiten, 122 farbige Abbildungen

Gefördert von Canon

Jenseits von Kreml und Rotem Platz

Hans-Jürgen Burkard | Bilder aus Rußland

Mit Texten von Katja Gloger und einem Vorwort von Jewgeni Popow

SCHIRMER/MOSEL
MÜNCHEN · PARIS · LONDON

Für Mathilde und Eberhard Burkard

Konzeption und Design: Dirk Bartos / Andreas Kersten, Hamburg

Die Deutsche Bibliothek – CIP-Einheitsaufnahme
Jenseits von Kreml und Rotem Platz: Bilder aus Rußland /
Hans-Jürgen Burkard. Mit Texten von Katja Gloger und einem
Vorw. von Jewgeni Popow. - München ; Paris ; London :
Schirmer/Mosel, 1995
ISBN 3-88814-771-9 brosch.
ISBN 3-88814-772-7 Gb.
NE: Burkard, Hans-Jürgen; Gloger, Katja

Lithos: Repro Bayer, München
Satz: Wolfram's DokuWerkstatt
Druck und Bindung: EBS, Verona
ISBN 3-88814-771-9 (broschierte Ausgabe)
ISBN 3-88814-772-7 (gebundene Ausgabe)

Eine Schirmer/Mosel Produktion

Inhalt

Die Zone

Der Schriftsteller Jewgeni Popow über „die Zeit der Wirren“

Das Land, in dem ich geboren wurde und lebe, hieß noch vor kurzem Union der Sozialistischen Sowjetrepubliken. Das Land, in dem ich geboren wurde und lebe, erstreckte sich vom Stillen Ozean bis zur Ostsee, vom Polarkreis bis Afghanistan.

Mein Land schenkte der Welt große Dichter, Maler, Schriftsteller, Komponisten und Wissenschaftler, doch ist das Absurde in ihm längst Realität geworden, der Wahnsinn Denkmethode.

Mein Land schickte den ersten Menschen in den Weltraum, doch brachte es auch eine blutige Revolution hervor, die einen mehr als siebzig Jahre währenden Genozid am eigenen Volk zur Folge hatte.

In meinem Land lebten Andrej Sacharow und Iossif Stalin, in meinem Land wurden Henker zu Opfern und Opfer zu Henkern.

In meinem Land kennt jeder, vom Landstreicher bis zum Regierungsmitglied, das Jargon-Wort *Zone* als Synonym für KZ.

Denn in meinem Land hat jeder entweder gesessen oder eingelocht. Oder er hat sowohl gesessen als auch eingelocht. Oder seine Verwandten haben gesessen. Oder er selbst hat seine Verwandten eingelocht wie der junge Pionier Pawlik Morosow, der seinen Vater denunzierte, vom Großvater erschlagen und von den Kommunisten zum bolschewistischen Heiligen deklariert wurde, zum Märtyrer der neuen atheistischen Religion.

Und nicht westliche „Sowjetologen“, sondern viele Bewohner meines Landes nannten ihre Heimat oft *Große Zone*, die nach eigenen, der übrigen Welt unverständlichen Gesetzen lebte. Vor allem hatte sie die Tendenz, sich immer mehr aufzufüllen, sie suchte auch Tschechen, Polen, Ungarn, Ostdeutsche usw. usf. hinter ihre Stacheldrahtgrenzen zu holen, bis hin zu den Untertanen des mondgesichtigen Onkel Ho und den „Barbudos“ des rebellischen Genossen Fidel.

Dieselben Bewohner meines Landes zogen an Staatsfeiertagen in einträchtigen Kolonnen über den Roten Platz, grüßten mit lauten, freudigen Rufen „unsere teure Partei und Regierung“, ein Häufchen unbeweglicher Greise, die auf das Mausoleum geklettert waren, in dessen Inneren sich die Mumie des ewig lebendigen Lenin befand (und immer noch befindet!).

Es wäre jedoch dumm, wollte man meinen, die Bewohner meines Landes hätten dem unerfüllbaren Versprechen geglaubt, daß „die jetzige Generation der Sowjetmenschen unterm Kommunismus leben“ werde. Ihr nach außen loyales Verhalten glich der Tarnfarbe jener Tiere, die es dank ihrer Biologie vermeiden, im Handumdrehen verschlungen zu werden vom märchenhaften und mächtigen grauen Wolf, dessen herausgestreckte rote Zunge so sehr der ehemaligen Staatsflagge des Landes glich, in dem ich geboren wurde und lebe.

Das Volk sang:
„Glück für jedermann,
Glück in Ewigkeit.
Die Sowjetmacht schnappt
Dich zu jeder Zeit.“

Der offizielle Text lautete:
„Die Sowjetmacht kämpft
Dafür allezeit.“

Das Volk erzählte Witze:
„Hör zu: Treffen sich zwei Franzosen. ‚Hast du eine Geliebte?‘ – ‚Ja.‘ – ‚Ich hab auch eine. Komm, suchen wir eine Geliebte für Jean, der hat noch keine.‘

Treffen sich zwei Sowjetmenschen. ‚Hast du im Gefängnis gesessen?‘ – ‚Ja.‘ – ‚Ich hab auch gesessen. Komm, bringen wir Wanja ins Gefängnis, der hat noch nicht gesessen.‘“

Das Volk hat überlebt. Doch für das Überleben unter den Bedingungen der realisierten kommunistischen Utopie hat es samt und sonders mit einer Verelendung des Bewußtseins bezahlt, und meines Erachtens ist das Buch von Hans-Jürgen Burkard eine Antwort auf die Frage, die unser berühmter Schriftsteller, Filmregisseur und Schauspieler Wassili Schukschin vor seinem Tod 1974 stellte: „Was ist mit uns los?“

Bergab gegangen ist es. Das war mit uns los in jenem Augenblick, als im Land die Perestroika verkündet wurde, der Eiserne Vorhang niederbrach, der durchgerostete Stacheldraht sich auflöste und wir Aug in Aug der anderen Welt gegenüberstanden, und diese schirmte sich vor unserer *Zone* schnellstens durch einen soliden Zaun mit vielen Grenzkontrollstellen ab, die meine Mitbürger oftmals nur in einer Richtung passieren.

Bergab war es gegangen, und von diesem Punkt ist alles zu betrachten und leitet sich alles her: das ökonomische Fieber, die Kriege an den Rändern des ehemaligen sowjetischen Imperiums, die internationale Almosensammelei, ein paar militärisch-kommunistische Putsche (gebe Gott, daß es nur ein paar sind!), die Explosionen, Brandstiftungen, Morde, die Zügellosigkeit von Mafia und Beamten, das irrwitzige Abenteuer in Tschetschenien und daß das Land zum Pulverfaß wird, auf dem auch die neuen Machthaber sitzen, und trotzdem rauchen sie seelenruhig ihr Pfeifchen.

Kurzum: „Wir wollten es so gut wie möglich machen, aber herausgekommen ist dasselbe wie immer“, wie Ministerpräsident Tschernomyrdin sich, kaltblütig und naiv, verplappert hat, und diese goldenen Worte werden zweifellos in die Geschichte eingehen.

Die Verelendung des Bewußtseins bestimmt die Mentalität des „neuen Russen“, unabhängig von seiner Bildung und Erziehung, unabhängig davon, was in seiner Hosentasche steckt – eine Granate, eine Metromarke, ein Band Pasternak oder eine Kreditkarte.

In diesem Sinne haben wir in unserem Land nur noch Lumpen von Nationen, Berufen, sozialen Ständen, geeint vom Gefühl der *Zone*, in der man nicht leben kann, sondern überleben muß. Ein Lumpen-Proletariat, eine Lumpen-Bauernschaft, eine Lumpen-Intelligenz ... Der zweite Teil der Begriffe ist fast verschwunden, wie der Schwanz bei Vertretern der urzeitlichen Fauna.

So kam es zu den seltsamen Personen und seltsamen Situationen, die auf den Fotos in diesem Buch dargestellt sind:

● Das Zeltlager am Kreml. – Kein Wunder, daß viele Inschriften englisch sind. Die Obdachlosen und Bettler hatten rasch begriffen, daß der Dollar grüner ist als der Rubel.

„Grau, teurer Freund, ist alle Theorie. Und grün des Lebens goldner Baum.“
(Goethe, „Faust“)

Die Obdachlosen wurden bald von den Moskauer Behörden vertrieben, und sie lösten sich spurlos auf in der Millionenstadt.

„Wir wollten es so gut wie möglich machen, aber herausgekommen ist dasselbe wie immer.“

Wiktor Tschernomyrdin
Russischer Ministerpräsident

● Die alten Kommunisten, die unter ihren geliebten Fahnen demonstrieren. – Es ist schwer, sich damit abzufinden, daß das Leben umsonst gelebt wurde und man in der Rückschau „nur Ruinen sieht“ (Joseph Brodsky). Ein Trugbild bringt ihnen Rettung aus tödlicher Leere. Es füllt diese Leere, dadurch wird das Leben „leichter und fröhlicher“, wie schon Genosse Stalin vorhergesagt hat.

● Teilnehmer eines Atomkampftrainings, deren Figuren an Wahnvisionen in

Bergman-Filmen erinnern. – Oh, diese Gespenster des „Zivilschutzes“, für den sich das ganze Land ausbilden lassen mußte und der seine totale Unbrauchbarkeit während der Katastrophe von Tschernobyl schlagend bewiesen hat.

● Die Verhaftung eines „schweren Jungen“ an einem mickrigen Badesee, wo gleich nebendran Kinder baden, ein Gummiball liegt auch da, alles ist wie gewöhnlich und ruhig – na und, haben sie ihn verhaftet, ihm Handschellen angelegt, na und ... Wie verhaftet, so wird er auch freigelassen ... Die Mafia und die sie bekämpfen, Häftlinge und Bewacher, Erzieher und Erzogene – das ist überhaupt ein besonderer Schwerpunkt in der Arbeit des Fotografen, und man vergleiche einmal den Gesichtsausdruck dieser Antagonisten, die durch ihre Arbeit fest aneinandergeschweißt sind.

● Ein behinderter Bettler auf einem selbstgebastelten Wägelchen vor dem Hintergrund eines Hochhauses, umgeben von Moskauer Passanten, die ihren Geschäften nachgehen. – Als wäre er aus dem Nachkriegs-Moskau auf diese Seiten gerutscht, als es solche wie ihn hier in rauhen Mengen gab, doch eines Tages wurden alle aus Moskau abtransportiert, damit sie die *Zone* bei den Ausländern nicht in Verruf brachten.

Und noch ein Foto, es illustriert das russische Sprichwort „Der Dieb hat dem Dieb den Knüppel gestohlen“. Ein armer Kerl mit umwickelter Krücke stiehlt das kärgliche Almosen aus der speckigen Mütze eines noch ärmeren Kerls.

Oh Moskau! Das Moskau von heute – eine „Stadt der Kontraste“, wie in den sowjetischen Zeitungen früher die professionellen Entlarver der Lebensweise in westlichen Hauptstädten wie London oder New York gerne schrieben...

● „Nachmittag eines Fauns“... Ein Neubaugebiet, eine rote Asphaltwalze, ein Kerl, der seinen Rausch ausschläft, übrigens gar nicht schlecht gekleidet, mit weißen Socken. Schon fast kein Foto mehr, eher das Bild eines Malers, eines Konzeptualisten.

● Die Abenteuer anderer schlichter Kerle in ihrem „Klub“, der Ausnüchterungszelle, wo man im Nu alle Komplexe los wird und die Hamlet-Frage „Sein oder Nichtsein“ gleich dazu. „Sein natürlich, Dreckskerl“, kriegt man zur Antwort und wird unter die eiskalte Dusche gestellt.

● Sex ohne Sex irgendwo auf dem Hinterhof eines Bahnhofs ... Eine abwehrend gespreizte Hand, ein böse verzerrter Mund. In der heutigen Umgangssprache haben fast alle Wörter, die Sex bezeichnen, einen bedrohlichen Unterton und sind damit unsichtbar mit dem Thema Gewalt verbunden.

Und noch und noch und noch. Immer mehr, immer mehr, immer mehr. Und immer schneller, schneller, schneller ... Ein Kaleidoskop, ein Flirren und Flimmern. Ein schwindelerregendes Fresko, dessen Elemente zu beschreiben sinnlos ist, denn dieses Fresko muß betrachtet und studiert werden.

Und noch und noch und noch – die üppigen, schönen, lasterhaften *Weiber* der „neuen Russen“; dieser Millionärsball unter dem Bild des Genossen Lenin; der Wettbewerb um den schönsten Busen, organisiert von der Komsomolzeitung, die ihr Leben lang gegen die bourgeoise Ideologie angekämpft hat und dennoch, wie das Foto zeigt, ihr unterlag.

● Eine Striptease-Schule und ein todlangweiliger Sex-Shop; nackte Mädchen bei einem Rock-Konzert; Punks und ihre tobenden Zuhörer; ein avantgardistischer Modeschöpfer in der Metro, dessen Aufmachung bei einer Frau aus der Provinz freudige Verwunderung auslöst; eine Auffangstelle für Kinder im Bahnhof; die Finessen der Künstler; ein Transvestit in Frauenkleidung; ein Drogensüchtiger in einem früheren Luftschutzbunker (wieder der „Zivilschutz“!), dessen Wände mit Weisheiten bemalt sind, die das Hirn dieser jungen Leute fassen kann: „Lenin ist ein Arschloch“ oder „Mädels, liebt Kokain!“... Und ein zehnjähriger Mörder – *das im Grunde alptraumhafteste Bild des Buches;* und Touristen, Raketen, Flugzeuge, Bunker ...

Ein dämonischer Karneval, zu dessen Figuren nicht zufällig auch Hitler und Breschnew zählen. Alles, alles ist durcheinandergeraten, und zwar nicht in diesem Buch. Alles ist durcheinandergeraten – in unserem Haus, in unserer *Zone*.

● Doch da ist auch das böse Erwachen, der Kater nach dem Karneval: Neonazis trainieren in einem Schießstand, selbstsicher zielen die „Schwarzhemden" mit den roten „Runenzeichen" am Ärmel.

● Doch da ist auch die Warnung aus der Vergangenheit, die Serie der Gulag-Fotos: die Erde von Kolyma, die Reihe der KZ-Schädel mit einem Loch in der Stirn, Berge von Schuhen, die von Häftlingen abgetragen wurden.

● Doch da ist auch – Gott. Totenamt in einer Kirche unter dem hohen Patronat des alten russischen Gottes, der allein weiß, weshalb die Menschen alles auf der Welt töten – die Natur, die Tiere, sich selbst oder ihresgleichen. Sei es ein einfacher Milizionär oder der berühmte Fernsehmoderator Wladislaw Listjew!

Die Welt ist natürlich ein Alptraum. Oder überwiegend ein Alptraum, davon reden die großen Geister einschließlich Hamlets Erfinder Shakespeare seit vielen Jahrhunderten. Jedes zivilisierte Land der Welt hat aus Blut, Dreck, Elend und Wut heraus seinen Weg zu relativer Stabilität zurückgelegt, und ich kann mir schlecht vorstellen, was mit den Menschen im Westen wäre, wenn sie so viele Jahre in der *Zone* gelebt hätten wie die Sowjetmenschen.

Außerdem gibt es Wut, Aggression und Intoleranz in jeder Gesellschaft, wie es auch in jeder Luft Mikroben gibt. Doch sind diese Mikroben wenig gefährlich, solange es nicht zu einer Epidemie kommt. – Wir stehen am Rand einer Epidemie. Und trotzdem muß man leben! Prüfend blicken vom Buchumschlag die Bewohner einer Gefängniszelle in eine andere Welt hinaus; ihre Gesichter spiegeln eine ganze Palette menschlicher Empfindungen – kindliche Neugier, Frechheit, Mißtrauen, Fröhlichkeit, Verzweiflung, animalische Angst. – Schließlich muß man trotzdem leben! Selbst um den Preis von Verarmung, Massenelend, Verrohung und Kulturlosigkeit.

Mag ja sein, daß die in diesen Jahren angehäufte Energie des Bösen sich trotz allem in etwas für die Menschheit Nützliches verkehrt, wie auch das todbringende Atom für den Menschen arbeiten kann.

Ich sage das ohne alle Ironie. Leben muß man, da es Alte und Kinder gibt. So tief wir auch fallen, so sehr wir uns auch im Dreck wälzen, ist das doch der Boden, auf dem wir heute stehen. Einen anderen haben wir nicht.

„So tief wir auch fallen, so sehr wir uns auch im Dreck wälzen, ist das doch der Boden, auf dem wir heute stehen. Einen anderen haben wir nicht."

Jewgeni Popow
[1995]

Wir haben alle ein kollektives Verbrechen begangen, als wir zuließen, daß eine Bande von Rowdys erst über unser schönes Land die Macht gewann und es dann mehr als siebzig Jahre regierte. Totalitarismus ist schließlich Ordnung für alle und Straffreiheit für Auserwählte. Früher oder später verkehrt er sich in allgemeine Straffreiheit.

Mein Land ist übervoll von Randexistenzen, Verelendeten, Abenteurern, Gaunern, außergewöhnlichen Persönlichkeiten und nicht zum Zuge gekommenen Genies; dabei bräuchte es normale Bürger, sie nämlich verfügen sowohl über Stabilität wie auch über Privateigentum. Es bräuchte normale Arbeiter, normale Bauern, normale Kaufleute, normale Industrielle und normale Aristokraten.

Es bräuchte eine Rückkehr zur Würde und eine Befreiung von allen Chimären und Mythen. Vor allem eine Befreiung von dem verbreiteten Mythos, unabdingbare Voraussetzung für die berühmte russische Geistigkeit, dank derer Rußland der Welt seine intellektuellen Genies präsentieren konnte, seien Leiden und Erschütterung, Elend und Unglück und die

Vorherrschaft des Idealistischen über das Materialistische.

Selbst wenn dem so wäre, könnte ich persönlich einer solchen Geistigkeit nichts abgewinnen. Und da bin ich nicht allein. Warlam Schalamow, lange Jahre Häftling in den grauenhaftesten kommunistischen Konzentrationslagern und Verfasser der „Geschichten aus Kolyma", eines der tragischsten Bücher der russischen Literatur, schrieb, *jegliche* Lagererfahrung sei eine negative Erfahrung und helfe der Menschheit überhaupt nicht.

Ich persönlich beobachte mit wachsendem Interesse jene Menschen, auf denen die Welt eigentlich ruht. Sie wissen nicht, wie sich Marihuana von Kokain unterscheidet, sie haben mit politischen Affären und Devisenspekulationen nichts zu tun, für Striptease haben sie kein Geld, noch weniger für eine Badereise ins Ausland, aber sie können reparieren, heilen, lehren, Straßen fegen, bauen, bewachen, verkaufen, schreiben, singen. Sie *können* etwas. Und können es professionell.

Persönlich glaube ich, daß eine Zeit kommen wird, da eine restaurierte Kirchenkuppel nicht mehr aussieht wie ein Goldzahn in einem verrotteten Kiefer, da Rußland vergißt, was die *Zone* war, und seine Bewohner, nachdem sie zu ihrem eigenen Vorteil gearbeitet haben, sich zum gemütlichen Teetrinken in den eigenen Kirschgarten setzen.

Schließlich ist meine Heimat immer noch ein riesiges Land, seine Städte stehen noch da, wo sie früher standen, und in den Gemüsegärten wachsen wie anno dazumal die Tomaten, Gurken, Mohrrüben, Krautköpfe und Kartoffeln. Auch mündet die Wolga nach wie vor ins Kaspische Meer, der Morgennebel liegt noch genauso überm See, und durch das Spinngewebe des Fichtenwalds schimmert die Sonne. Das neue Rußland ist kein gemeinsames Haus und keine gemeinsame Familie. Meines Erachtens ist es eine Gesamtheit einzelner Häuser, eine Gemeinschaft von Individualitäten, die nur eines brauchen: daß man sie in Ruhe läßt und ihnen die Möglichkeit gibt, sich gemächlich fortzupflanzen und zu vermehren, Reichtum anzuhäufen und einfach zu *leben*, und nicht zu leiden und *für* oder *gegen* etwas zu kämpfen.

Der berühmte Dokumentarfilmer Dsiga Wertow pries mit seinen Filmen „Drei Lieder über Lenin" und „Der sechste Teil der Erde" die Morgenröte des Kommunismus in Rußland; Hans-Jürgen Burkard zeigt mit diesem schockierenden, fiebrigen Buch das kommunistische Abendrot, das rein alles in unheilvolles rotes Licht taucht. Es ist die Chronik einer neuen „Zeit der Wirren" und ein Bild jenes Flusses, in den man kein zweites Mal hineinsteigen kann.

Moses führte sein Volk vierzig Jahre lang durch die Wüste, um ihm die Knechtschaft auszutreiben.

Der Versuch, „Moses einzuholen und zu überholen", mit einem Sprung in die „lichte Zukunft" zu gelangen, ist sinnlos und gefährlich.

Und nicht von ungefähr sieht man auf dem ersten und letzten Foto des Buches Kinder, denn ihrer ist das Himmelreich, wie es in der Bibel heißt. Sie machen Faxen, hänseln, schneiden Grimassen, sie spielen im festgetretenen Schnee und erfüllen mit ihrem himmlischen Lärm ihre Kinderwelt vor dem Hintergrund eines Denkmals und vor sowjetischen Häusern in der Ferne. Sie wissen noch wenig von der Welt, in der sie leben müssen, aber das nächste Jahrhundert ist ihr Jahrhundert.

Deutsch von Rosemarie Tietze

Das wahre Leben

Die Journalistin Katja Gloger über Rußlands „schamlose Widersprüche“

In diesem zu Wundern verdammten Land wachsen die zukünftigen Herren im Chaos der Straße heran. In Moskau zum Beispiel an der Kreuzung Taganskaja Platz / Wolgogradskij Prospekt, wo sich die Autos aus acht Spuren ineinander verkeilen. Der namenlose kleine Junge hier ist ein Scheibenputzer. Zerlumpt und dreckig, den Kopf kahlgeschoren, seinen verschmierten Lappen trägt er einer Waffe gleich. Er ist höchstens zehn Jahre alt und hat lange schon gelernt, niemals zu bitten. Er nimmt. Wählt seine Kunden aus, mit herausfordernden blauen Augen. Mustert sie, kalt und verächtlich. Kassiert. Mit trotzigem Willen erobert sich der kleine Scheibenputzer das Leben. Er sagt kein einziges Wort.

In diesem Land der düsteren Zukunft, die einige Wiedergeburt nennen und andere den Untergang, den Abgrund oder die große Chance, tanzt das neue Leben seinen Totentanz in den großen Städten wie Moskau. Nachts pocht das blutige Herz des Molochs auf den drei Bahnhöfen. Hier treffen die Züge ein, die aus Workuta kommen und Sankt Petersburg, aus Karaganda und aus Brest.

Sie bringen die mobilen Unternehmer für die Basare der Stadt. Großmütter. Arbeiter. Musiker. Wissenschaftler. Stumm bieten sie ihre Erzeugnisse feil: Moosbeeren aus der Taiga. Unterwäsche aus Polen. Schweinswürste aus der Ukraine. West-Zigaretten, „Penthouse“-Hefte, rote Nelken.

Auf dem Platz vor den drei Bahnhöfen haust das „wilde Tier“. So nennen die flinken Bahnhofskinder den hilflosen Krüppel, der von Fusel aus Portwein lebt. Das „wilde Tier“ trägt keinen Namen. Der junge Mann kann nicht sprechen, einzig klagen und flehen in hilflosen Tönen, wenn ihm das erbettelte Kleingeld gestohlen wird von anderen Obdachlosen, die stärker sind als er.

Niemand kümmert sich um den jungen Mann, „es gibt keinen Platz für Dinge wie ihn“, erklärt die Polizei, sie sammelt Jugendliche für die Arrestzellen. „Kinderzimmer“ heißen die, eine Nacht lang bleiben sie, zumeist altbekannte „Kunden“, die an den Bahnhöfen ihr Leben

Mitleid kann sich kaum jemand leisten: Vor Moskaus McDonald's, eine der größten Filialen der Welt, bettelt eine Obdachlose um ein paar Rubel

[1994]

verdienen. Kinder-Prostituierte, notorische Ausreißer, gewiefte Straßenjungs. Unruhig schlafen sie auf hölzernen Bänken, gekrümmt wie geschlagene Hunde. Manchmal berichten sie von den trunkenen Eltern, für die sie Geld anschaffen müssen, von der Prügel auch und der tödlichen Gleichgültigkeit des Lebens und sagen: „Ich wohne dort, wo du niemals hinsehen wirst.“

In diesem Land der schamlosen Widersprüche nippen die Gewinner der improvisierten Demokratie am süßen Marsala-Wein im Restaurant des Moskauer Hotels Metropol, 500 Dollar kostet die Flasche, gezahlt wird mit goldener Kreditkarte. Sehr reich und sehr selbstgefällig lassen sich die Sieger der Revolution nachts durch die Kasinos treiben, 200 davon zählt allein Moskau. Durch die Klubs, in denen sich Zwerge auf der Bühne an Dildos vergnügen und vollbusige Damen aus der amerikanischen Provinz um das Geschäft ihres Lebens strippen. Man trägt Anzüge aus Moskaus Versace-Boutique und goldene Breitling-Uhren zu 28500 Dollar, dazu hat man gelangweilte Schmollmund-Mädchen im Arm.

Das kleine Rußland der guten Herzen und der traurigen Seelen aber hat die tosende Sprachlosigkeit überlebt – in den Küchen der grauen Wohnblocks, spät am Abend, wenn die Aschenbecher überquellen und die Dichter mit geschlossenen Augen wild entschlossen ihre Verse sprechen, die erzählen von der merkwürdigen, leidenschaftlichen Sehnsucht nach dem dreckigen Leben da draußen.

„Wir stehen gleichsam außerhalb der Zeit“, läßt man den russischen Denker Pjotr Tschaadajew aufleben, „gehören weder zum Westen noch zum Osten. In der Welt vereinsamt, haben wir der Welt nichts gegeben.“ Und wie damals schon, vor viel mehr als 100 Jahren, ist dann lange hitzige Rede von West und Ost, Europa und Asien, von der undurchdringlichen Weite

Die Perestroika stellt das Leben auf den Kopf: Aus Mafiosi werden ehrenwerte Geschäftsmänner. Aus Kommunisten werden Demokraten. Oder Faschisten. Auch Reformer „Gorbi“ wird nicht geschont

[1993]

des Landes und der unabänderlichen Rechtlosigkeit des russischen Volkes. Und von denen, die dennoch einfach tun, was nötig ist. Die mit unverbesserlichem Mut den erbarmungslosen Gesetzen des wilden Marktes trotzen. Ihre Seelen nicht zu Markte tragen können. Freundlich und voller Angst ihren miserabel bezahlten Berufen nachgehen – als Lehrer, Krankenschwester, Ingenieur. „Überall ist es gut, wo wir nicht sind“, seufzt man dann – und will doch nie woanders sein als zu Hause. In Rußland. Hier, wo Engel und Dämonen in einem Orchester spielen.

Geworfen in eine wilde, neue Zeit, muß Rußland in aller Eile leisten, was anderswo Generationen dauern durfte: den Zusammenbruch überleben, einen Rechtsstaat bauen, Demokratie lernen. Die Vergangenheit ist ausgerottet, so scheint es. Worte, die gestern noch Macht verkörperten, klingen heute absurd, lächerlich: Kommunismus. Politbüro. Sowjetunion ...

Dabei ist es gerade einmal ein Jahrzehnt her, als ein Generalsekretär wissentlich und naiv zugleich seine Allmacht zerstörte. Gefangen in autoritären Strukturen, wollte Michail Gorbatschow die Sowjetunion erhalten und zugleich verändern. Glaubte, die geschenkte Freiheit würde disziplinieren. Aber Glasnost und Perestroika, und die Feinde dieser Worte verstanden dies früh, wurden zum Katalysator einer ungewollten Revolution.

Auf einmal brach die Welt des *homo sovieticus* zusammen. Die Welt der ärmlichen Gleichheit. Die Kultur der Schlangen, des ewigen Wartens. Der ständigen Klagen – und der beruhigenden Gewißheit, daß sich nichts wirklich ändern werde.

Auf einmal aber stellte sich das Leben auf den Kopf. Kommando-Geber wurden zu gemeinen Bittstellern. Spekulanten und Schwarzhändler zu Helden der neuen kapitalistischen Zeit. Aus Kommunisten wurden Faschisten. Oder Demokraten. Und aus Demokratie wurde ein Schimpfwort. Im Dschungel der ungewissen Zukunft sind die bislang gültigen Wahrheiten verlorengegangen. Regeln, gar Gesetze sind nicht mehr auszumachen. Tief verunsichert bleiben die Menschen zurück, voller Mißtrauen,sozial deklassiert, immer verzweifelter auf der Suche nach Sinn.

„Wir spendeten unsere letzten Kopeken für die streikenden Bergarbeiter in England", gräbt eine ältere Moskauer Lehrerin in ihren Erinnerungen, „wir waren fest überzeugt, sie müßten leben wie in der Steinzeit. Wir hatten Mitleid mit ihnen, den Opfern des Kapitalismus, und wünschten ihnen ein Leben wie bei uns in der Sowjetunion. All das aber war falsch, ganz falsch. Die Wahrheit ist genau andersherum."

So suchten sich, und darin liegt das tragische Verdienst des Michail Gorbatschow, die bitteren Wahrheiten ihren Weg. „Stalin!!! Er bringt uns nach vorn!" Das lernten die Kinder einst in der Schule – und wer die drei vorgeschriebenen Ausrufezeichen nicht setzte, bekam einen dicken Fehler angestrichen. „Stalin!!!"

„Alles war zu fremd, zu schrecklich, um wahr zu sein."

Warlam Schalamow
Ehemaliger GULAG-Häftling
[1983]

So buchstabierte sich die Wahrheit. Im August 1989 wurde Solschenizyns „Archipel GULAG" zum ersten Mal in der Sowjetunion veröffentlicht. Und es zeigte sich: Die Jahrhundertbauwerke der Sowjetmacht, der Weißmeerkanal, die Baikal-Amur-Magistrale, Stahlwerke, Staudämme, ganze Städte – sie wurden errichtet von den Gefangenen des GULAG.

17 bis 25 Millionen Menschen hatte Stalin in die Lager geschickt. Hatte ein Reich des Terrors als industriell verwertbaren Wirtschaftszweig etabliert. Mindestens zehn Millionen Menschen kamen um. Verhungert, erfroren, erschossen, zu Tode geprügelt, an Krankheiten eingegangen.

Die Massengräber ziehen sich über das ganze Land. Von Moskauer Friedhofsmauern bis in die eisigen Bergwüsten der ostsibirischen Kolyma. Mit ihren strategischen Rohstoffen Gold, Diamanten und Uran war die Kolyma das Herz des „Dalstroj", eines geheimdienstlichen Eroberungs-Trusts, 160 Straflager groß, von Magadan bis hinauf ans Eismeer. Dorthin, wo die Kälte nicht mehr atmen läßt.

Mittagspause im Straflager 272/32, Kategorie „strenges Regime", Station Sima an der Transsibirischen Eisenbahn. Der Lagerleiter spricht gerne von „Bodensatz"

[1989]

„Dort gibt es viel von dem, was der Mensch nicht wissen, nicht sehen soll. Wenn er es aber gesehen hat, ist es besser für ihn zu sterben", schrieb der Kolyma-Häftling Warlam Schalamow, „viele Monate hindurch wurden bei den Morgen- und Abendappellen zahllose Erschießungsbefehle verlesen. Bei 50 Grad Kälte spielten in Haft geratene Musiker vor und nach der Lesung jeden Befehls einen Tusch. ... Alles war zu fremd, zu schrecklich, um wahr zu sein." Mindestens zwei Millionen Häftlinge starben in den Todeslagern der Kolyma. Heute haben Reisebüros das GULAG im pauschalen Besichtigungsprogramm.

Immer noch sind Rußlands Arbeitslager übervoll mit Sträflingen. Wer entlassen wird, nach zehn, fünfzehn Jahren, abgesessen manchmal für wiederholten Lebensmitteldiebstahl, der bleibt ohne Wohnung, ohne Arbeit, ohne Betreuung. Beinahe jeder kehrt zurück. Bleibt lebenslang ein „Zek" – ein Gefangener mit kahlgeschorenem Kopf und verbeultem Blechnapf fürs Essen. Selbst die dunkle, grausame Lagerwelt aber wird zum Paradies.

Denn noch schlimmer ist es in der jahrelangen Untersuchungshaft. In den überhitzten, stinkenden Zellen, die vierzig, fünfzig Häftlinge zählen, dreimal soviel wie das Soll. Wo man auf schmierigen Holzbrettern schlafen muß oder auf dem Betonfußboden neben dem überlaufenden Klo. Und noch viel schlimmer ist es draußen. „Draußen", sagen die Lagerinsassen, „sind wir weniger als

Dreck. Menschen sind wir im Lager." So holt die Vergangenheit die Zukunft ein.

Die Drahtseiltänzer da draußen leben die Freiheit der Rechtlosen. Fühlen sich verraten und ausgebeutet von der Obrigkeit, wie seit Jahrhunderten schon. Tragen die gefährliche Überzeugung, minderwertig zu sein. Jeder eine Art Halbwilder, eine „Lücke in der moralischen Weltordnung", wie Pjotr Tschaadajew 1836 schrieb. Ein Russe.

Also mußten sich, als Vorbilder ersehnter westlicher Zivilisation, für kurze Zeit die Helden des amerikanischen Massentraums nach Rußland verlaufen. Rambo, Schwarzenegger, der Marlboro Man. Mit ihnen kamen Snickers, McDonald's und Pizza Hut. Und zugleich ging die Tür auf nach Westen. Nach Peter dem Großen und den Rotarmisten des Zweiten Weltkrieges schwärmen Rußlands Bewohner jetzt aus zur dritten Eroberung Europas.

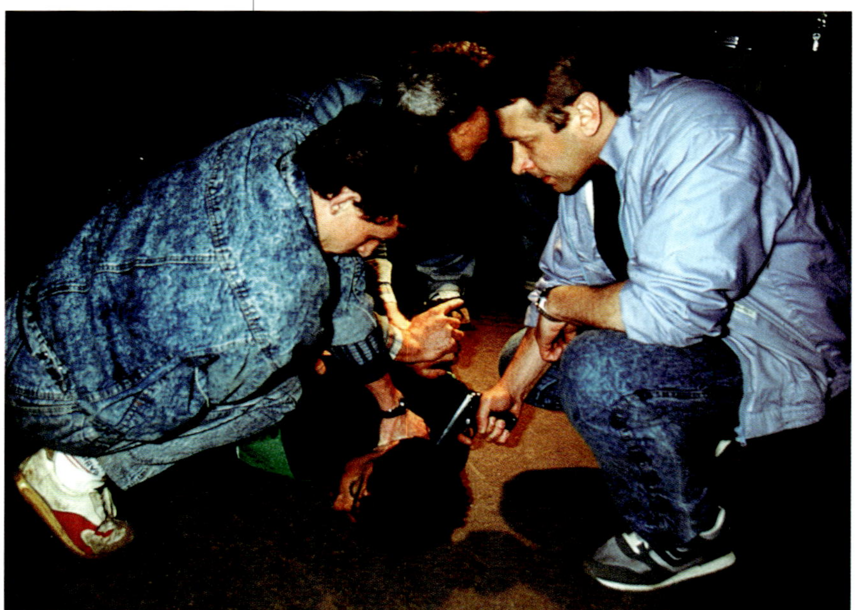

Die „Mafija" als neue Ordnungsmacht: Auch die Herren vom KGB fangen meistens nur die „Kleinen". An ihnen demonstrieren sie dann gerne ihre geballte Amtsfülle

[1991]

Lärmende Russen und andere ehemalige Sowjetbürger residieren in westlichen Luxushotels, drücken katzbuckelnden Kellnern ihre Dollars gleich bündelweise in die Hand und behängen ihre Gespielinnen mit dicken Goldketten. „Die Russen kommen", heißt es, als ob Moskau nicht viel näher an Berlin läge als etwa New York. Die „neuen Russen", Nutznießer des wilden Marktes, haben Yachten in Marbella. Häuser am Comer See. Konten in der Schweiz und Töchter in britischen Elite-Internaten. „Wer in Rußland Erfolg hat", weiß ein Moskauer Banker, „dem gehört die ganze Welt." Die Grenzen nach draußen stehen offen. Zum ersten Mal in der Geschichte ist die Welt auch für das Volk zu entdecken. Man hastet durch die Fremde, wer weiß, wie lange das noch möglich ist. Das vielfältige Angebot der Reisebüros umfaßt preiswerte Kreuzfahrten auf dem Mittelmeer und Charter-Trips nach Rimini oder an die Costa Brava. Pauschalreisen zum zollfreien Kaufrausch nach Dubai, zu Istanbuls Basaren und Pekings Kleidermärkten, 200 Kilo Freigepäck für den Rückflug inklusive.

Aber Vorsicht! Auf dem russischen Kontinent schreiben sich die Regeln des Überlebens anders als in den gemäßigten Breiten des westlichen Europa. In Rußland rast das Leben wie nirgendwo sonst. Das Morgen zählt nicht. Die kurze Herrschaft der Demokratie ist vorbei, spätestens seit Oktober 1993, als Rußlands Präsident Jelzin das konservative, aber immerhin ziemlich frei gewählte Parlament mit Panzern zusammenschießen ließ und damit der ganzen Welt und dem geschockten Volk live im Fernsehen vorführte: Rußland ist nichts weiter als eine Bananenrepublik. Es herrscht, ungebrochen, der Apparat. Immer noch wird das Leben von der Bürokratie verteilt.

„Mafija" nennt sich der große Gewinner. Dazu gehören die stiernackigen Herren von der Organisierten Kriminalität ebenso wie die „bisnesmeny", neureiche Geschäftsleute aus der Grauzone zwischen Privatwirtschaft, Staatsbürokratie und Kriminalität. Längst hat sich die „Mafija" als neue Ordnungsmacht festgefressen in der alltäglichen Katastrophe. 5700 gutbewaffnete Banden operieren in Rußland, verantwortlich für einen Großteil der 32000 Mordopfer pro Jahr – doppelt soviel pro 100000 Einwohner wie in den USA. Allein in Moskau, inzwischen eine der teuersten Städte der Welt, residieren 803 Banken mit 2000 Filialen, vornehmlich in aufwendig renovierten Stadtpalästen. Die Organisierte Kriminalität kontrolliert heute zwischen 20 und 40 Prozent des Bruttosozialproduktes. Und der Erfolg lehrt, jeden Tag neu: Alles ist käuflich.

Jeder ist käuflich. Polizisten. Parlamentarier. Regierungsbürokraten. Minister. Staatsanwälte. Ein Rechtsstaat existiert allenfalls auf dem Papier. „Die himmelschreiende Ungerechtigkeit der einen Hälfte der Gesetze hat das Volk dazu gebracht, auch die andere Hälfte zu hassen“, schrieb der Westler Alexander Herzen vor 150 Jahren, „es fügt sich dem Gesetz als Zwang. Die völlige Ungleichheit vor Gericht hat in ihm jeden Respekt vor dem Gesetz abgetötet. Der Russe, ganz gleich in welcher sozialen Stellung, umgeht oder verletzt das Gesetz, wo immer er das ungestraft tun kann. Und die Regierung macht es nicht anders.“

Im mafiosen Staat von heute machen die gierigen Abzocker ihren Reibach bei der selektiven Privatisierung von Staatseigentum. Ehemalige Ministerien oder Staatskomitees haben sich in „Konzerne“ oder „Aktiengesellschaften“ verwandelt – mit Vorzugsbeteiligungen für die Mitarbeiter aus der oberen Etage.

Die Provinzen werden regiert von allmächtigen „Gouverneuren“. Die korrupte Nomenklatura nutzt das alte Geflecht des „blat“, der guten Beziehungen. Verdient am rasanten Verfall der Wirtschaftsstrukturen, sichert sich die Zukunft durch stille Beteiligungen an lukrativen Projekten, Renditen fließen auf anonyme Konten auf Zypern oder in der Schweiz. „Die Mafija“, lacht man, „ist unsterblich.“

Ihre Geschichte beginnt in den sechziger Jahren, den „goldenen“ Zeiten des Kommunismus. Direktoren staatlicher Fabriken gründen „zechy“, illegale Produktionsabteilungen, die mit staatseigenen Rohstoffen alles produzieren, was gefragt ist. Und gefragt ist alles. Schuhe. Jeans. Lebensmittel, Maschinen. Vor allem im Kaukasus und in Mittelasien arbeiten ganze Untergrundfabriken, die Arbeitskräfte sind willig und billig, Miliz und Partei-Aufpasser erhalten ihren Anteil. So entsteht die sowjetische Schattenwirtschaft – die Rache des Sowjetmenschen an den Privilegien der Machtelite. Illegal verdiente Rubel werden sackweise im Vorgarten vergraben, in Goldbarren und Diamanten angelegt. Als die Perestroika beginnt, als die Grenzen aufgehen und die wilde Marktwirtschaft über das Land hereinbricht wie die Sintflut, stehen die Strukturen.

„Allein in Rußland sind Wunder möglich“, durfte man früher noch glauben. Die brutale post-sowjetische Zeit nimmt selbst dieser naiven Hoffnung den Atem. Die „Supermacht“ Sowjetunion war nur ein Kartenhaus, aus Propaganda-Lügen gebaut. Das „Sowjetvolk“, das unter unvorstellbaren Opfern den Zweiten Weltkrieg gewann, war lediglich ein Kunstprodukt. Auch die Gegenwart bietet wenig Trost. Allenfalls „kaif“, den schnellen, lärmenden Spaß. Ein paar Künstler suchen noch „Schönheit in sinnlosen Dingen“. Den meisten aber bedeutet die Gegenwart nicht mehr als eine Aneinanderreihung von Ausweglosigkeiten. „Ich lebe“, heißt es in einem Lied, „habt Mitleid mit mir.“

Das ganz normale Leben verrinnt etwa in „Buchenwald“. So nennt die Belegschaft Moskaus Metallgießerei. Hier schuftet sie in dunklen Hallen an Hochöfen aus den dreißiger Jahren. Hier arbeiten Hunderte Frauen, drei Schichten, im Akkord. Sie pressen Erde in schwere Formen, wuchten sie an die glühenden Öfen, atmen die giftigen Dämpfe, verlieren das Gehör über dem ständigen Dröhnen. „Männer können das nicht“, wissen die Schichtleiter, Frauen ertragen die monotone Schwerstarbeit leichter. „Und so leben wir schnell auf den Tod zu“,

Zukunft gibt es sowieso nicht. Und die Gegenwart bietet allenfalls schnellen, lärmenden Spaß. Bei den Punks in einem besetzten Haus am Moskauer Puschkin-Platz vor allem mit viel Bier und dicken Joints aus kasachischem Marihuana

[1993]

„Ich lebe. Habt Mitleid mit mir.“

Sascha Skliar
Rocksänger [1993]

sagen sie. Hausen mit der Familie in einem miefigen Zimmer des fabrikeigenen Wohnheims, mit Gemeinschaftsküche und Gemeinschaftsklo, warten auf die Zuteilung einer eigenen Wohnung, die meisten seit zehn Jahren und länger.

Die Inflation frißt die kargen Löhne auf, oft reicht es nicht mehr für eine Kinokarte am Sonntag oder ein Eis für die Kinder. An diesen ganz normalen Orten des russischen Alltags ist man froh, wenn die Männer trinken, heißt es, „dann bringen sie sich wenigstens nicht um". Katastrophen sind Gewohnheitssache.

Die Kindersterblichkeit der Stadt Moskau ist doppelt bis dreifach so hoch wie etwa in London oder Tokio. Jedes zweite russische Schulkind ist chronisch krank. Rußland ist das einzige Industrieland der Welt, in dem die Lebenserwartung seiner Bewohner kontinuierlich sinkt. Für Männer liegt sie zur Zeit bei 58 Jahren. Kein Land der Erde hat seine Ressourcen und seine Menschen so hemmungslos ausgebeutet wie die ehemalige Sowjetunion. Jeder fünfte Russe lebt in einem ökologischen Katastrophengebiet. Trinkwasser, Luft und Böden sind verseucht. Bis zu einem Viertel des Territoriums ist radioaktiv belastet. Mit ihrem fahlgelben Himmel, den hoffnungslos veralteten Anlagen und den gleichgültig leidenden Menschen erinnern die Industriestädte an die Apokalypse. Hier hausen die Arbeiter oft noch in Baracken aus Holz und Lehm, manchmal fällt den Bewohnern die Decke in dicken Brocken auf den Kopf.

Das verseuchte Land: Jeden Tag brechen die Pipelines in den westsibirischen Ölfeldern. Manchmal wird das ausgelaufene Öl einfach angezündet – dann versickert es wenigstens nicht in den Sümpfen

[1993]

In Städten des Stahls wie Nowokusnezk, einst Symbole des Sozialismus, spucken die Fabriken Jahr für Jahr zwei Tonnen Gift pro Einwohner – Kleinkinder und Greise eingeschlossen – in die Luft. Wenn man morgens zur Arbeit hastet, kotzt man sich die Lunge raus. Und manchmal wird monatelang einfach kein Lohn gezahlt. Die Staatsbetriebe sind pleite.

In den Ölfeldern Sibiriens werden bei tagtäglichen Unfällen an Pipelines Abertausende Quadratkilometer Taiga und Tundra verseucht. Die Taiga, sie stellt ein Viertel der Holzbestände der Welt, wird kahlgeschlagen: In zugänglichen Gebieten verschwinden die nördlichen Regenwälder heute schneller als Brasiliens Dschungel - vor allem im Auftrag westlicher Kunden. In wenigen Jahrzehnten schon wird in Sibirien kein verwertbares Holz mehr zu schlagen sein.

Die Verwüstung reicht hinauf bis in den Norden, ins Land des ewigen Eises, wo die Welt endet in der grauen Kara-See. Dort liegt der Jamal. Unter der sumpfigen Halbinsel vermuten Experten die größten Erdgasreserven der Welt, ein „Sahnestück für westliche Investoren", preisen die Vertreter der Gaskonzerne. Schon Geologentrupps und die ersten Probebohrungen aber haben das ökologische Gleichgewicht der Tundra zerstört: Der Dauerfrostboden taut, das Land verschlammt, der Jamal versinkt buchstäblich im Morast.

Die Ureinwohner des sibirischen Nordens, die winzigen Eskimo-Völker der Nenzen und Chanten, haben Millionen Hektar Weidefläche verloren. Ihre Rentiere, mit denen sie Tausende Kilometer weit ziehen, finden kein Futter mehr auf den kaputtgefahrenen Tundraböden. So trinken sich die Nomaden traurig zu Tode mit billigem Wodka-Fusel und Eau de Cologne. In ihrer Sprache bedeutet Jamal „das letzte Land".

Wo der Alltag zum Krieg geworden ist, die innere Leere ins Unerträgliche wächst und jede Hoffnung auf Zukunft

Niemand kümmert sich um den jungen Mann, „es gibt keinen Platz für Dinge wie ihn", erklärt die Polizei, sie sammelt Jugendliche für die Arrestzellen. „Kinderzimmer" heißen die, eine Nacht lang bleiben sie, zumeist altbekannte „Kunden", die an den Bahnhöfen ihr Leben verdienen. Kinder-Prostituierte, notorische Ausreißer, gewiefte Straßenjungs. Unruhig schlafen sie auf hölzernen Bänken, gekrümmt wie geschlagene Hunde. Manchmal berichten sie von den trunkenen Eltern, für die sie Geld anschaffen müssen, von der Prügel auch und der tödlichen Gleichgültigkeit des Lebens und sagen: „Ich wohne dort, wo du niemals hinsehen wirst."

verloren ist, bleibt die Flucht in böse Worte. In autoritäre Ideologien von der „Wiedergeburt Rußlands“, von „nationaler Größe“ und „historischer Bestimmung“. Die große Mehrheit der Bevölkerung lebt heute schlechter als zu Zeiten kommunistischer Stagnation. Anfang der neunziger Jahre verloren die Menschen binnen Wochen ihre Ersparnisse, kärgliche Rücklagen für das Alter, sie fielen dem zynischen Versuch einer marktwirtschaftlichen „Schocktherapie“ zum Opfer.

Plötzlich mußte man sich dankbar zeigen für ein paar Konservendosen mit humanitärem Bierschinken aus dem Westen. Plötzlich ging es den „Schwarzen“, den geschäftstüchtigen Völkern des Kaukasus, besser als dem „armen Iwan“. Auf einmal blieben 25 Millionen Russen außerhalb der russischen Grenzen. Heute dienen diese neuen Minderheiten als Legitimation für neoimperiale Machtansprüche im „nahen Ausland“.

Wahnwitzige Heilsbringer wie Wladimir Schirinowskij bündeln Bedrohungsängste und die blinde Sehnsucht nach einer „Lösung von oben“: nach der harten, aber gerechten Hand, die Ordnung schafft. Die das verlorene Imperium zurückerobert und das trügerische Gefühl der Größe wiederbringt.

So bündeln sich der nationale Minderwertigkeitskomplex, das Gefühl sozialer Erniedrigung und die ohnmächtige Angst vor allem Fremden in wütender Ablehnung all dessen, was von außen kommt. Nationaler Chauvinismus und selbsternannte faschistoide „Führer“ haben Konjunktur.

Fünfzig Jahre nach dem qualvollen Sieg über Deutschlands Faschisten gibt es in Moskau Kassetten mit Marschliedern der SS zu kaufen, Anstecknadeln in Hakenkreuz-Form und Hitlers „Mein Kampf“. Rechtsradikale Organisationen propagieren die „Diktatur der Russen“ über jüdische, kaukasische und asiatische „Untermenschen“. Und der immer lauter werdende Ruf nach dem unerbittlich autoritären System, angeblich Rußlands „Bestimmung“, deckt sich zunehmend mit den Interessen der neureichen Besitzenden: denn die wollen ihr frisch erworbenes Eigentum an Produktionsmitteln schützen vor all denen, die sich zu den Verlierern der Geschichte zählen – vor der

Kühne Träume vom freien Menschen: In den Herbstferien werden Schulklassen im sibirischen Atschinsk noch zur kollektiven Möhrenernte abkommandiert

[1989]

Mehrheit der Bevölkerung. Und wieder einmal wird Rußland dann zu Wundern verdammt sein. Wieder wird es sein, wie es schon immer war. Spät am Abend, beim endlosen Palaver in den engen Küchen der grauen Wohnblocks werden die Bewohner des weiten russischen Kontinents kühne Träume träumen. Vom freien Rußland. Von Menschen, selbstbewußt und aufrecht.

Namen wie Gorbatschow oder Jelzin werden leise Erinnerungen an ferne Vergangenheiten sein. Aber immer noch werden Millionen verwegen Mutiger den Kriegen des Alltags trotzen. „So ist das Leben“, werden sie traurig sagen und dennoch, Partisanen gleich, unbeirrt ihre Seele verschenken an eine leise, fast absurde Hoffnung auf Glück. Doch, in Rußland herrscht das wahre Leben.

„Wir stehen gleichsam außerhalb der Zeit. Wir gehören weder zum Osten noch zum Westen.“

Pjotr Tschaadajew
Philosoph [1836]

Ein Toter durfte nicht sterben

Für die Ewigkeit konserviert: Wladimir Iljitsch Lenin, Gründer der Sowjetunion, bevorzugte den Terror als Herrschaftsinstrument. Jahrzehntelang defilierten Abermillionen an dem Leichnam im Mausoleum am Roten Platz vorbei

[1993]

Für Wissenschaft und Fortschritt

In Moskaus „Gehirn-Institut“ werden Gehirne für die Forschung gesammelt und untersucht – das von Stalin ebenso wie das von Andrej Sacharow, dem Friedensnobelpreisträger. Hier der Philosoph Spengler, Regisseur Eisenstein und Sowjetdichter Majakowskij in Formaldehyd sowie – in Scheiben geschnitten unter Glas – Lenin

[1992]

синС.М

649/ск
Яцыно
Бюст. Сталина
мрамор

Der Massenmörder – gleich im Dutzend

In den staatlichen Kunstlagern wird die Vergangenheit gehortet – auch das Abbild des Tyrannen Stalin. Hier, im „Turm" des russischen Kulturministeriums in der Klosterstadt Sagorsk, findet sich auch deutsche Kunst – Kriegsbeute, man spricht von „Trophäen"

[1990]

Das ganze Land – ein GULAG

In einem Vorort der russischen Stadt Woronesch wurden im Winter 1937/38 bis zu 7000 politische Gefangene erschossen und in Gräben verscharrt. Gut fünfzig Jahre später legen Freiwillige die grausame Wahrheit frei. Aber das Verbrechen ist längst verjährt

[1990]

15/5

In den eisigen Wüsten der Kolyma

Die ostsibirische Kolyma: leeres Land. Temperaturen – bis minus 70 Grad. Stürme – bis 150 Stundenkilometer. Und 160 Straflager. Millionen unschuldiger Menschen wurden in Todeslager wie Butugytschag deportiert. Hier mußten die Gefangenen Urangestein mit bloßen Händen schleppen. Kaum jemand überlebte

[1990]

Die wahren Helden der Sowjetunion

Mit selbstgefertigten Gesichtsmasken schützten sich die Gefangenen vor der erbarmungslosen Kälte Sibiriens. Sie bauten Eisenbahnlinien am Polarkreis, Staudämme, ganze Städte. Heute zerfallen die hölzernen Baracken, in denen sie hausen mußten. Mit ihnen stirbt die Erinnerung

[1990]

„Und wir leben,
doch die Füße, sie spüren keinen Grund,
auf zehn Schritt nicht mehr hörbar,
was er spricht, unser Mund,

...

Nur zu hören vom Bergmenschen im Kreml,
dem Knechter,
vom Verderber der Seelen und
Bauernabschlächter.

Seine Finger wie Maden
so fett und so grau,
seine Worte wie Zentnergewichte genau.

...

Um ihn her – seine Führer,
die schmalhalsige Brut,
mit den Diensten von Halbmenschen
spielt er, mit Blut.

...

Und er schmiedet, der Hufschmied,
Befehl um Befehl – in den Leib, in die
Stirn, dem ins Auge fidel.

Jede Hinrichtung schmeckt ihm
– wie Beeren,
diesem Breitbrust-Osseten zu Ehren.

Ossip Mandelstam
Lyriker und GULAG-Opfer
[1933]

Sehnsucht nach der Tyrannei

In einem Privat-Mausoleum nahe der georgischen Hauptstadt Tbilissi ist der handgeformte Führer in Wachs zu bewundern, errichtet von immertreuen Stalin-Fans. „Unter ihm", sagen sie, „dem Sohn Georgiens, gab es wenigstens ordentlich zu essen"

[1990]

Die letzten Erbauer des Kommunismus

Medienwirksam haben Obdachlose eine Zeltstadt gleich auf dem Roten Platz errichtet und sind in den Hungerstreik getreten. Die „Erbauer des Kommunismus“, wie sie sich selbst ironisch bezeichnen, nehmen gerne auch Dollars von westlichen Touristen

[1990]

Die armen Sieger des Großen Krieges

Jedes Jahr am 9. Mai putzen sich Rußlands Veteranen heraus. Trotzig feiern sie den Sieg über Hitlers Deutschland. Vergessen einen Tag lang, daß die meisten von ihnen unter dem Existenzminimum leben müssen. Daß sie, die Sieger, längst zu Verlierern geworden sind

[1993]

„Aufbewahren für immer"

In einem Archiv des Moskauer KGB lagern 64000 Akten über Stalin-Opfer. Opfer der großen Säuberungen in den dreißiger Jahren. Abgeurteilt in Minuten und zumeist hingerichtet. Viele deutsche Kommunisten, die vor den Nazis geflohen waren, wurden als „Volksfeinde" erschossen. Ihre Familien wurden belogen, oft jahrzehntelang

[1989]

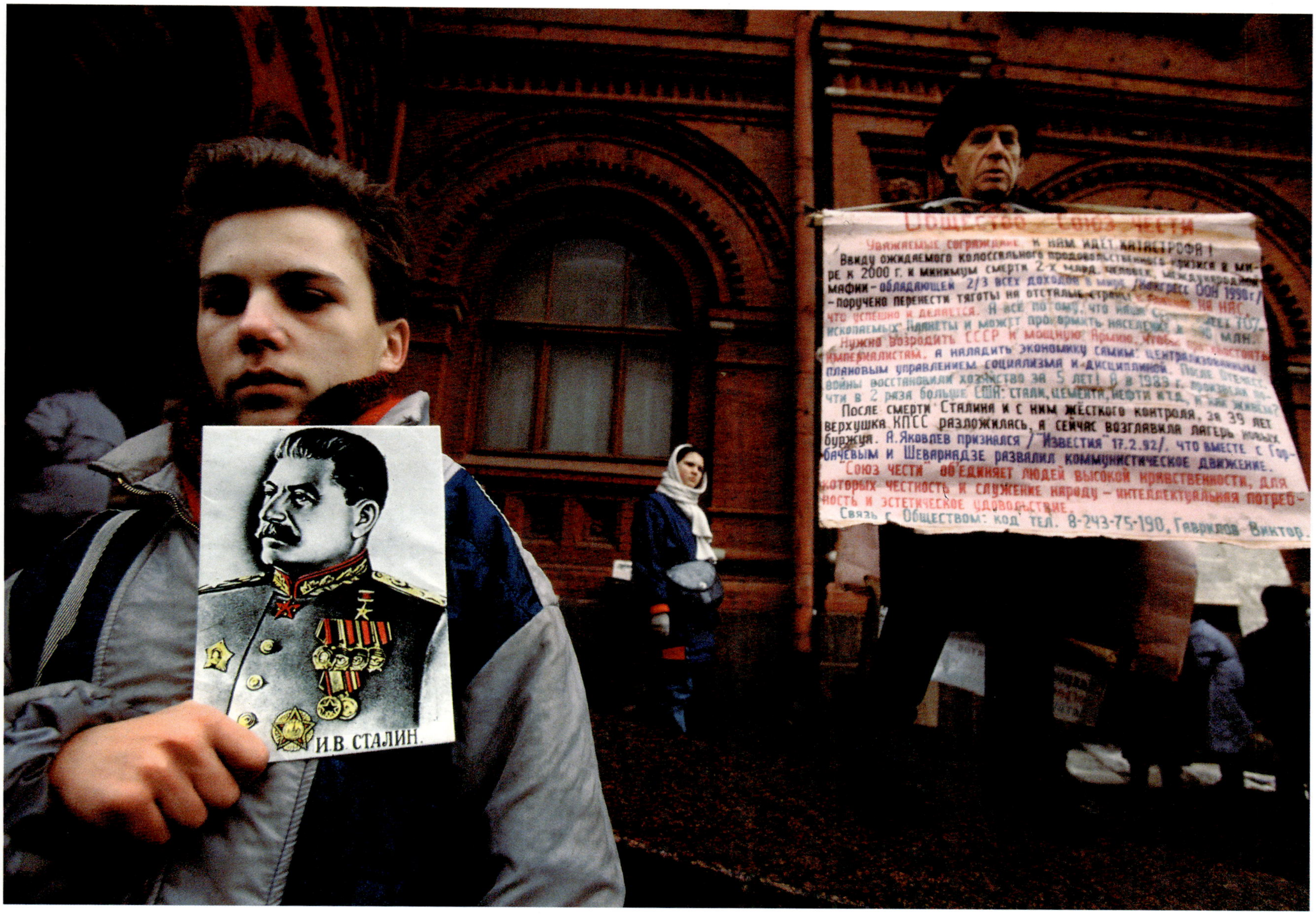

„Der Westen erobert uns“

Der nationale Minderwertigkeitskomplex, die Angst vor Fremden und die soziale Deklassierung lassen den Wunsch nach Ordnung und alter Größe wieder wach werden – nach Stalin und der Sowjetunion, denen die Demonstranten vor dem mittlerweile geschlossenen Moskauer Lenin-Museum jeden Tag hinterhertrauern

[1992]

„Unsere Zeit wird kommen“

Auf einer Moskauer Schießbahn üben die jungen Saubermänner der faschistischen Bewegung „Russische Nationale Einheit“ den Fangschuß. Offen tragen sie das Hakenkreuz, fordern die „Diktatur der Russen“. Im Oktober 1993 werden sie den Aufstand gegen den „Juden“ Jelzin proben

[1992]

Übung für den Weltuntergang

Soldaten der „Kantemirow"-Elitedivision proben für den ABC-Krieg. Gerne präsentiert man westlichen Journalisten die herausgeputzte Garde-Panzertruppe bei Moskau. In vielen anderen Einheiten aber müssen die Rekruten hungern

[1990]

Das Verderben wartet unter einer weißen Haube

Raketenstützpunkt Tschita, Sibirien. Eine weiße Kunststoff-Membran schützt die startbereite Interkontinental-Atomrakete vom Typ SS-18 vor Feuchtigkeit und Temperaturschwankungen. Die Befehle für alle Fälle hat der Begleitoffizier in der versiegelten Aktentasche stets parat

[1992]

Scharf gemustert

Mit einer intensiven Untersuchung am Mann beginnt der Militärdienst in der „ruhmreichen" Roten Armee.
Wer irgend kann, drückt sich vor der Einberufung, kauft sich frei. In manchen Einheiten werden nur zwanzig Prozent der Sollstärke erreicht

[1989]

Im Gleich-schritt hinaus ins Leben

Noch trainieren die 600 Kinder-Soldaten des Leningrader Nachimow-Flotteninternats – viele von ihnen sind Waisenkinder – für eine der letzten Militärparaden zu Ehren der „Großen Oktoberrevolution“. Wochenlang üben sie den Gleichschritt

[1989]

Marsch, marsch, aufs Abstellgleis

Konzentriert zählen Leningrader Soldaten ihre Schrittfolge beim nächtlichen Training für die Parade auf dem Platz vor der Eremitage, dem einstigen Winterpalais der Zaren. Der Ruhm der Sowjetarmee ist verblaßt – miserabel bezahlt, warten viele Offiziere bis heute auf eine eigene Wohnung

[1989]

Abgesang auf das Land der Helden

Die „Kapitän Nemo Band“ spielt auf zur Wochenend-Disco in der Leningrader Frunse-Flottenakademie. Früher war hier der Heiratsmarkt für angehende Offiziere. Heute wollen die meisten Mädchen lieber einen Mann mit Auto und viel Geld

[1989]

Und sonntags Picknick unterm Bomber

Die Airshow am Moskauer Schukowskij-Flughafen erscheint wie ein Ausflugsziel im Grünen. Die krisengeschüttelte Armee verkauft ihre Waffensysteme nur allzu gerne in alle Welt – Rüstungsexport ist erklärte Regierungspolitik

[1993]

Sochi
150
YEARS

„Ich wollte leben. So wurde ich eine Verräterin“

Anna Jegorowa, 75, die erste von insgesamt vier Pilotinnen, deren Il-2 Erdkampf-Bomber die Deutschen „Schwarzer Tod“ nannten. Anna stürzte sich in 243 Angriffen auf den Feind. Und wurde abgeschossen. Sie überlebte schwerverletzt die deutsche Kriegsgefangenschaft. Damit galt Anna als Verräterin. Zwanzig Jahre kämpfte die Invalidin um ihre Ehre. Dann wurde sie „Held der Sowjetunion“

[1995]

„Glaube nie den Heldengeschichten der Männer“

Laut singt Sofja Galkina, 70, gegen das Vergessen an. Sie ist Solistin (ganz vorn) im Moskauer Veteraninnen-Chor. Als 16jähriges Mädchen meldete sich Sofja in den Großen Krieg. Wurde Aufklärerin in einer Panzereinheit und viermal schwer verwundet. Sie ist nicht stolz auf den Sieg der Sowjetunion: „Ich habe zu viele Menschen sterben sehen“

Ehrenwache für die Erinnerung

Oberfähnrich Wassiljucha aus der Kantemirow-Division steht stramm vor den Gefallenen des Zweiten Weltkriegs. An die beiden „Helden der Sowjetunion“ aus seiner Einheit erinnern Ehrenbetten – stets frisch bezogen

[1989]

„Man kann doch nicht abends
mit dem Totalitarismus ins Bett
gehen und am anderen Morgen
mit der Demokratie aufwachen.
Was wir hier in Rußland bauen,
ist keine Demokratie, sondern
bestenfalls ein wackeliger
Hühnerstall. Und in der Armee gibt
es keine Demokraten. Oder wollen
Sie etwa noch abstimmen lassen,
wenn Sie in den Krieg
ziehen müssen?"

General Alexander Lebed
Oberkommandierender
der 14. Russischen Armee
[1995]

Brennender Haß auf Boris Jelzin

Am 21. September 1993 löst Präsident Jelzin per Dekret das russische Parlament auf und umstellt das Weiße Haus mit Truppen des Inneren. Am 2. Oktober errichten Jelzin-Gegner erste Barrikaden in der Innenstadt von Moskau und setzen sie in Brand. Der Bürgerkrieg droht

[1993]

Back to the USSR

„Nein zur bourgeoisen Diktatur Jelzins“, haben sowjettreue Demonstranten auf ihre Plakate geschrieben. Tagelang demonstrieren die Genossen vor dem blockierten russischen Parlamentsgebäude gegen Jelzin

[1993]

Die Angst der jungen Milizionäre

Am Sonntag, den 3. Oktober, eskaliert der Konflikt: altkommunistische Demonstranten marschieren randalierend durch Moskaus Innenstadt. Sie wollen das Weiße Haus „befreien“. Die völlig unvorbereitete Polizei muß ihnen weichen

[1993]

Gerüstet zum letzten Gefecht

Ein alter Genosse steht vor dem Weißen Haus bereit, um die „Demokratie zu verteidigen“, wie die Demonstranten sagen. Im russischen Parlament hatte sich eine Koalition aus Nationalisten, KPdSU-Anhängern, jungen Faschisten und Verrückten verschanzt

[1993]

Der Befehl zum Sturm

Am Montag, den 4. Oktober, beginnen Jelzin-treue Einheiten der Luftlande-truppen, das Weiße Haus zu stürmen. Auf dem Weg dorthin werden sie von Scharfschützen aus dem gegenüberliegenden Gebäude unter Beschuß genommen

[1993]

Das Ende einer hilflosen Rebellion

Am Nachmittag des 4. Oktober ergeben sich die selbsternannten „Verteidiger des Weißen Hauses“, nachdem Panzer das Parlamentsgebäude zusammengeschossen haben. Die Männer liegen flach aus Angst vor Schrapnellen

[1993]

Symbol für Scham und Schande

Für viele Russen endet die kurze Zeit der Demokratie mit diesem Bild: Panzer schießen am 4. Oktober 1993 auf Jelzins Befehl das russische Parlament in Schutt und Asche. Für viele ein Symbol nationaler Scham, von westlichen Fernsehanstalten live in die ganze Welt übertragen

[1993]

„Ja, wohin führt
Jelzin uns? Ich denke, die
Antwort lautet: Jelzin stellt
dem Volk kein globales
strategisches Ziel. Er weist
ihm keinen strahlenden
Gipfel, den es zu erklimmen
gilt. Daß Rußland zur Ruhe
kommen möge – das ist das
Hauptziel dieses ruhelosen
Präsidenten."

Boris Jelzin
„Auf des Messers Schneide",
Autobiographie [1994]

Moskau – der Moloch

Am Stadtrand, wo sich triste Schlafburgen für Millionen dahinziehen, begrüßen die riesigen Buchstaben MOSKAU die Reisenden. Jeder soll es sehen: Ab hier herrschen die Gesetze der wilden Stadt

[1991]

Mitleid will sich niemand leisten

In der hastenden Geschäftigkeit werden sie schon lange nicht mehr wahrgenommen: die Obdachlosen, die Behinderten, die Trinker. Die Verlorenen der Stadt müssen jeden Tag buchstäblich um ihr Überleben betteln – und werden von kriminellen Gangs abkassiert

[1992]

Ein ganz normales Wochenende

Glücklich sollte sein,
wer eine der neuen Wohnungen
in der Vorstadt zugeteilt
bekommen hat, kaum mehr als
zwei Zimmer für eine Familie.
Am Wochenende trinken sich
die Männer manchmal bewußt-
los, viele landen in der
Ausnüchterungszelle

[1992]

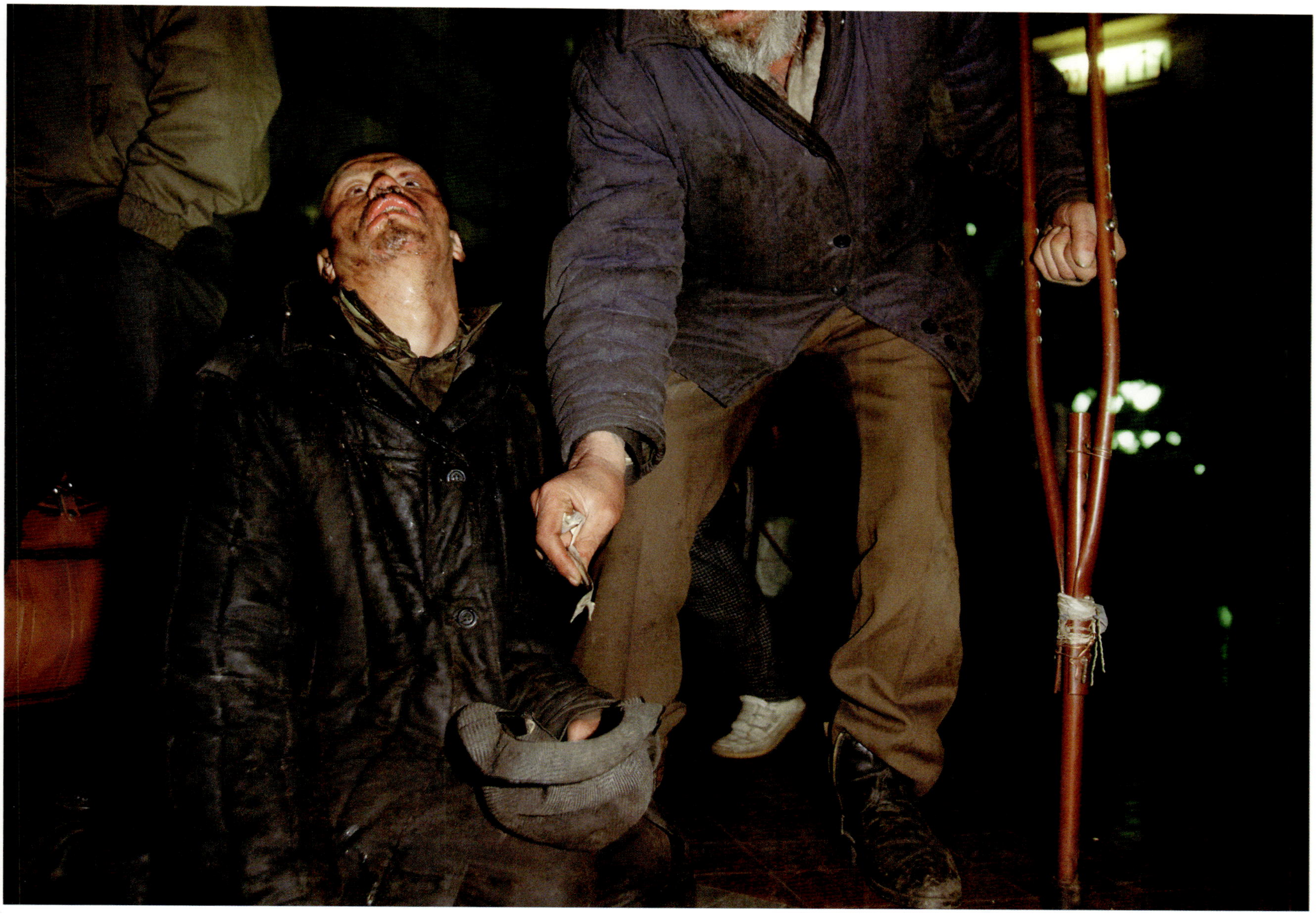

Der Kampf der Elenden

Der junge Mann hat keinen Namen. Er kann nicht sprechen, nur klagen und flehen, wenn ihm andere Obdachlose das erbettelte Geld stehlen. Der junge Mann lebt auf einem Bahnhof. Die flinken Straßenkinder nennen ihn „das wilde Tier“

[1992]

Warten auf die kleinste Hoffnung

Nachts bietet die Wartehalle des Leningrader Bahnhofs in Moskau einen trockenen Platz für Straßenkinder und Obdachlose. Hier finden sie ein paar Stunden unruhigen Schlaf, immer in Angst vor Polizei und Dieben

[1992]

Die Wand als Wohnungsmarkt und Arbeitsamt

Das Kaleidoskop der Zettelwände umfaßt Wohnungstausch, Kurse bei Wunderheilern und den Verkauf von Wellblechpappe. Ein Überbleibsel aus sowjetischer Zeit, das bestens funktioniert

[1992]

Ihnen gehört die Zukunft

Sie leben auf dem Kolchosmarkt am Simferopolskij Boulevard. In die Schule gehen sie nicht. Die Jungen stehlen ein wenig und betteln ein wenig. Oft müssen sie ihr Geld bei den Eltern abgeben. Am liebsten schnüffeln die Kinder Klebstoff, „dann dreht sich die ganze Welt", sagen sie

[1995]

Selbst Schrott ist gut fürs „bisnes“

Am Rande der Stadt, wo die großen Kraftwerke stehen, ziehen sich Abfallhalden aller Art. Im Schrott suchen geschäftstüchtige Kinder nach Kupferkabeln, die sie verkaufen können

[1992]

Wo es um die Wurst geht

In Moskaus „Fleischfabrik Nummer 1" hängen Würste der russischen Extraklasse – als „Lohn in Naturalien" begehrt bei den schlecht bezahlten Arbeitern. Milizionäre wachen im Fleisch gewordenen Paradies

[1992]

Babylons schlammige Basare

Der Markt im Luschniki-Stadion zählt gut 2000 Stände und noch mehr mobile Verkäufer. Tausende schieben sich jeden Tag durch das internationale Angebot. Aus der südlichen Republik Moldowa angereist, will diese Frau das Hochzeitskleid ihrer Tochter verkaufen

[1993]

Die Gesetze der „Schock-therapie“

Der Versuch einer Wirtschaftsreform hat die meisten Menschen in Armut gestürzt. Löhne und Renten reichen oft nicht zum Überleben. Abends verdient man ein paar Rubel dazu — an den Eingängen zur Moskauer Metro wird allerlei feilgeboten, von der Unterhose bis zum Wodka

[1992]

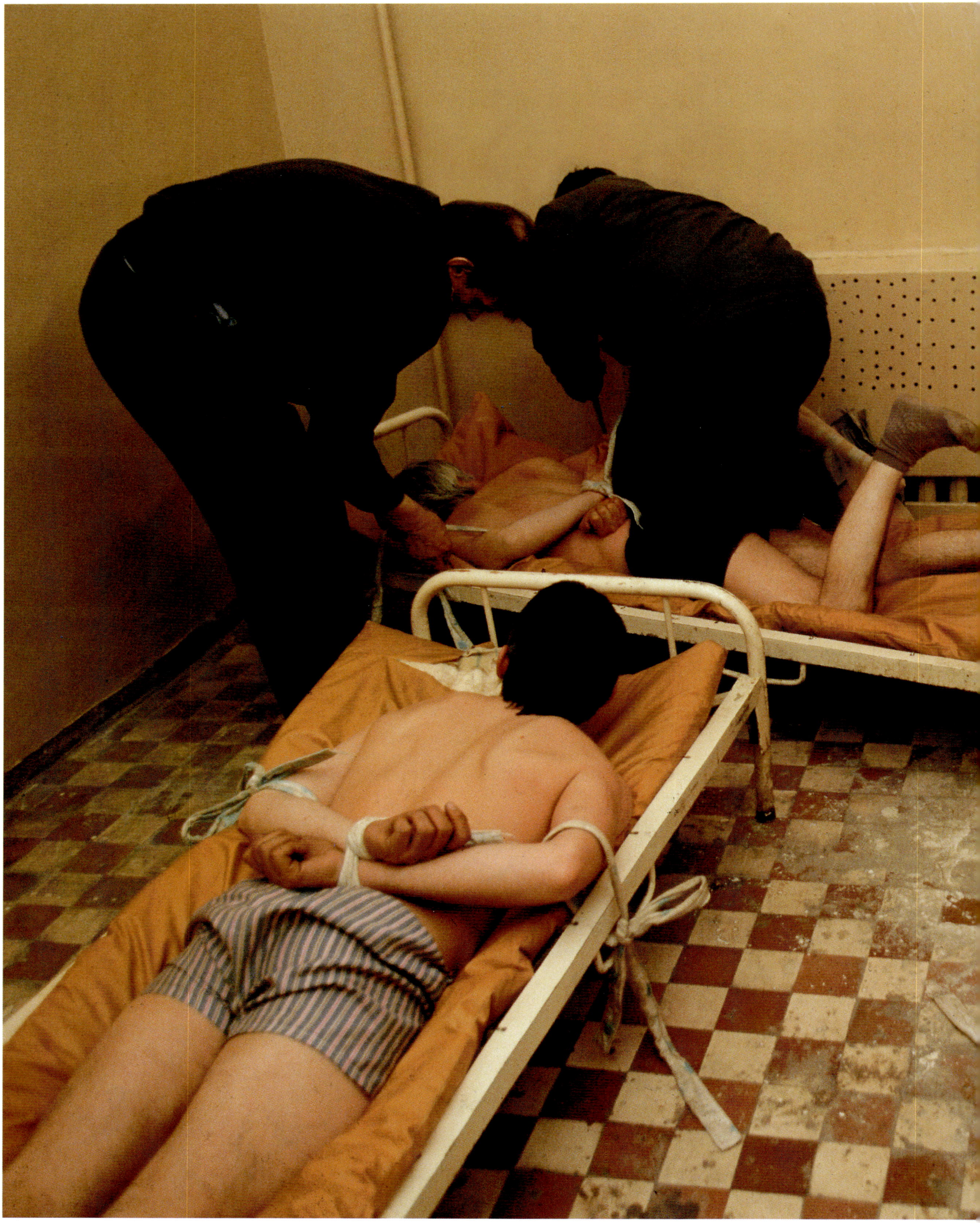

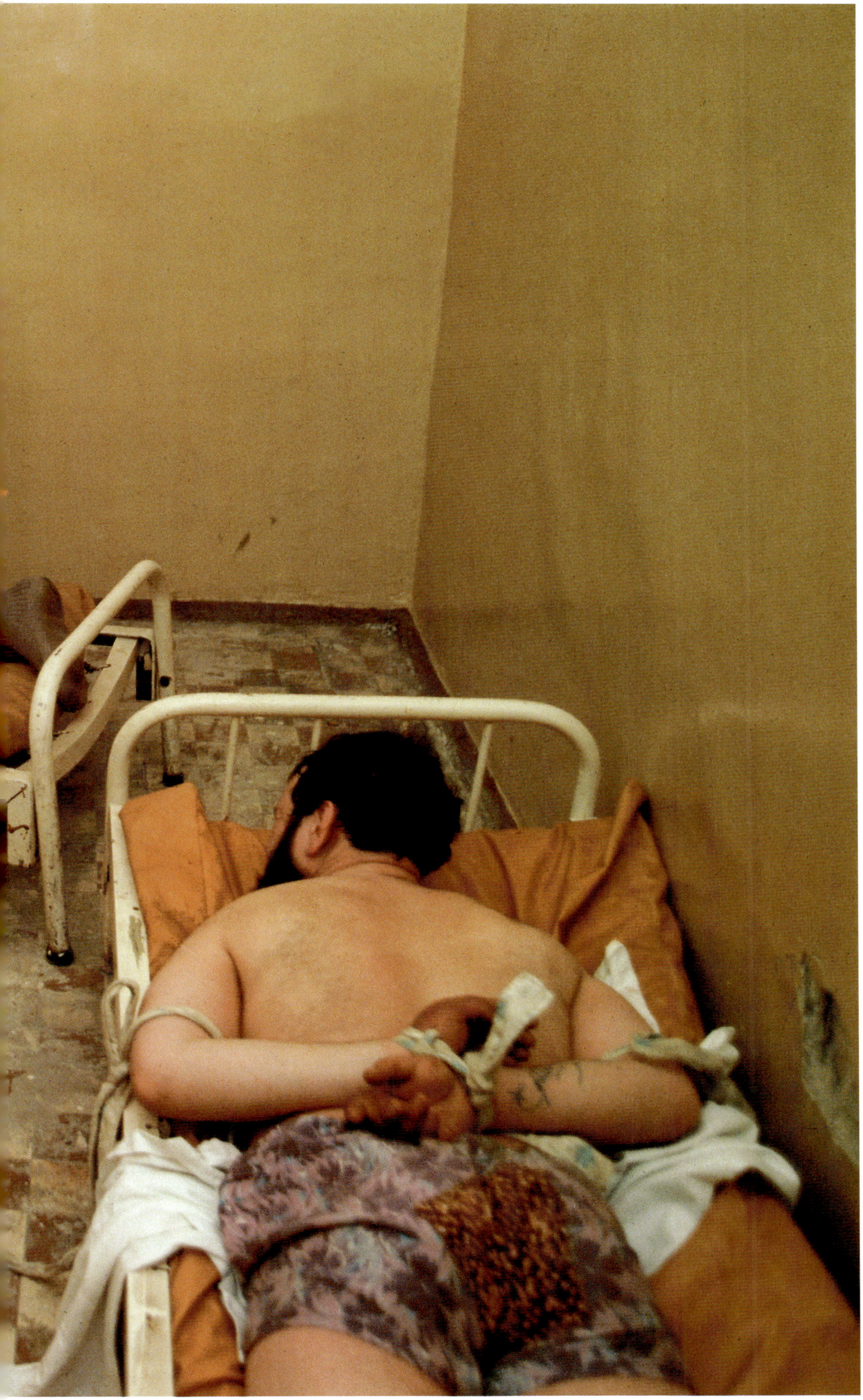

Man trinkt sich um den Verstand

In der Ausnüchterungsstation Nr. 8 werden Volltrunkene verwahrt. Wer sich wehrt, wird bäuchlings aufs schmierige Bett gefesselt. Die Ausgenüchterten tauschen wertvolle Erfahrungen aus — etwa über die Gewinnung von Alkohol aus Schuhputzmitteln. Die Lebenserwartung russischer Männer liegt bei 58 Jahren

[1992]

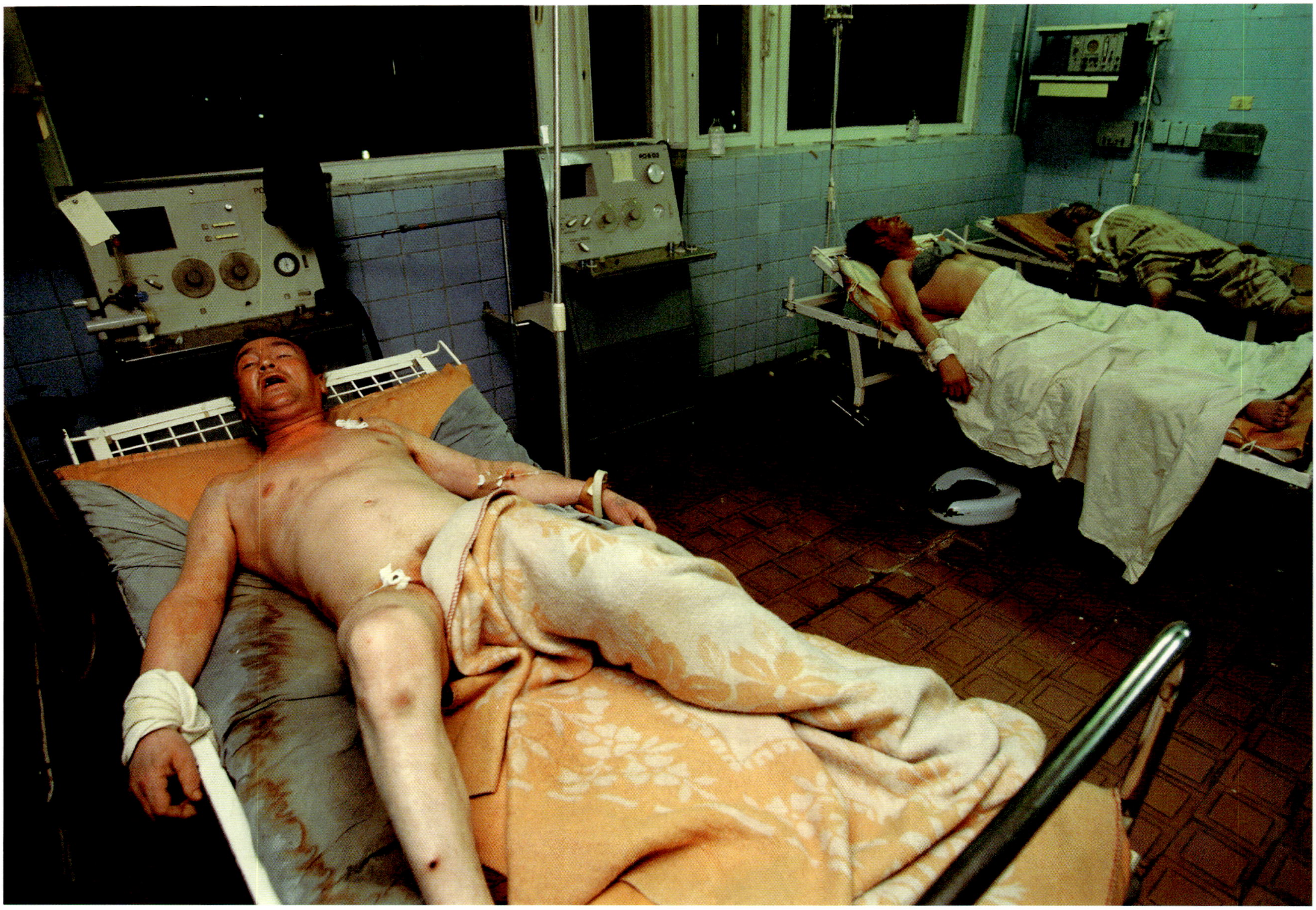

Wo Patienten „Menschen-abfall“ heißen

Moskau, ganz unten. Toxikologische Intensivstation des Sklifosowskij-Krankenhauses. Hier landen die Selbstmörder und Alkoholiker im Delirium. Die immer übernächtigten Ärzte schuften für fünfzig Mark im Monat. Es gibt keine Medikamente, keine Geräte – nur hilflose Wut

[1992]

Schön gemacht für die Beerdigung

In einem letzten Aufbegehren gegen die Ausweglosigkeit begehen junge Frauen Selbstmord mit Essigsäure oder Insektenkillern. In den Kellern der gerichtsmedizinischen Leichenhalle Nr. 2 werden sie nach der Obduktion nach alter Sitte ein letztes Mal schön gemacht, für die Angehörigen

[1992]

Wo die Toten vergessen werden

Oft liegen die obduzierten Toten wochenlang in den hoffnungslos überfüllten Kellern der gerichtsmedizinischen Leichenhalle Nr. 2. Viele Angehörige melden sich erst gar nicht – Beerdigungen sind zu teuer geworden

[1992]

„Einst glaubte ich,
alles gesehen zu haben von
meiner Stadt. Aber heute
habe ich Angst vor jedem neuen
Tag. Die Menschen haben sich in
wilde Tiere verwandelt.
Bei den Toten lernt man, wie
unser Leben wirklich ist. Denn
so grausam, wie wir leben,
sterben wir."

Oleg Krieger
Leiter der gerichtsmedizinischen
Leichenhalle Nr. 2 [1992]

Die Sucht nach dem süßen Leben

Die halbseidenen Gewinner der improvisierten Demokratie feiern den „Abend der jungen Bankiers" im Moskauer Kolonnensaal – dort, wo einst Stalin aufgebahrt wurde. Die jungen Damen in ihrem Gefolge lieben das neureiche Geld

[1993]

Benefiz-Spektakel für die armen Kinder

Die Schickeria liebt Wohltätigkeitsbälle. An diesem Abend ersteigert man Porzellanfiguren – die Erlöse werden für die religiöse Erziehung notleidender Kinder gespendet. Und man amüsiert sich bei Champagner und Disco-Musik

[1992]

Da tanzt der Bär

Wilde Attraktionen machen Partys erst spannend, wie hier im Kolonnensaal. Man läßt den Tanzbär auf die Gäste los – und die posieren entzückt für das Erinnerungs-Video

[1992]

Gruppenbild mit falschen Helden

Die Vergangenheit ist tot – so scheint es zumindest. In einer lauen Sommernacht feiert Moskaus neureiche Jugend im Eremitage-Garten die „Bulgakow-Party“ und läßt sich gerne ablichten mit den Doppelgängern von Adolf Hitler und dem ehemaligen Parteichef Leonid Breschnew

[1992]

Lenin ist längst vergessen

Zur neuen Zeit und zum neuen Reichtum gehören neben Spenden auch die alten Sitten. Zur Benefiz-Veranstaltung im Moskauer Kolonnensaal hat ein Modemacher Hochzeitskleider entworfen. Models tragen sie spazieren und geben Auskunft über die Preise

[1992]

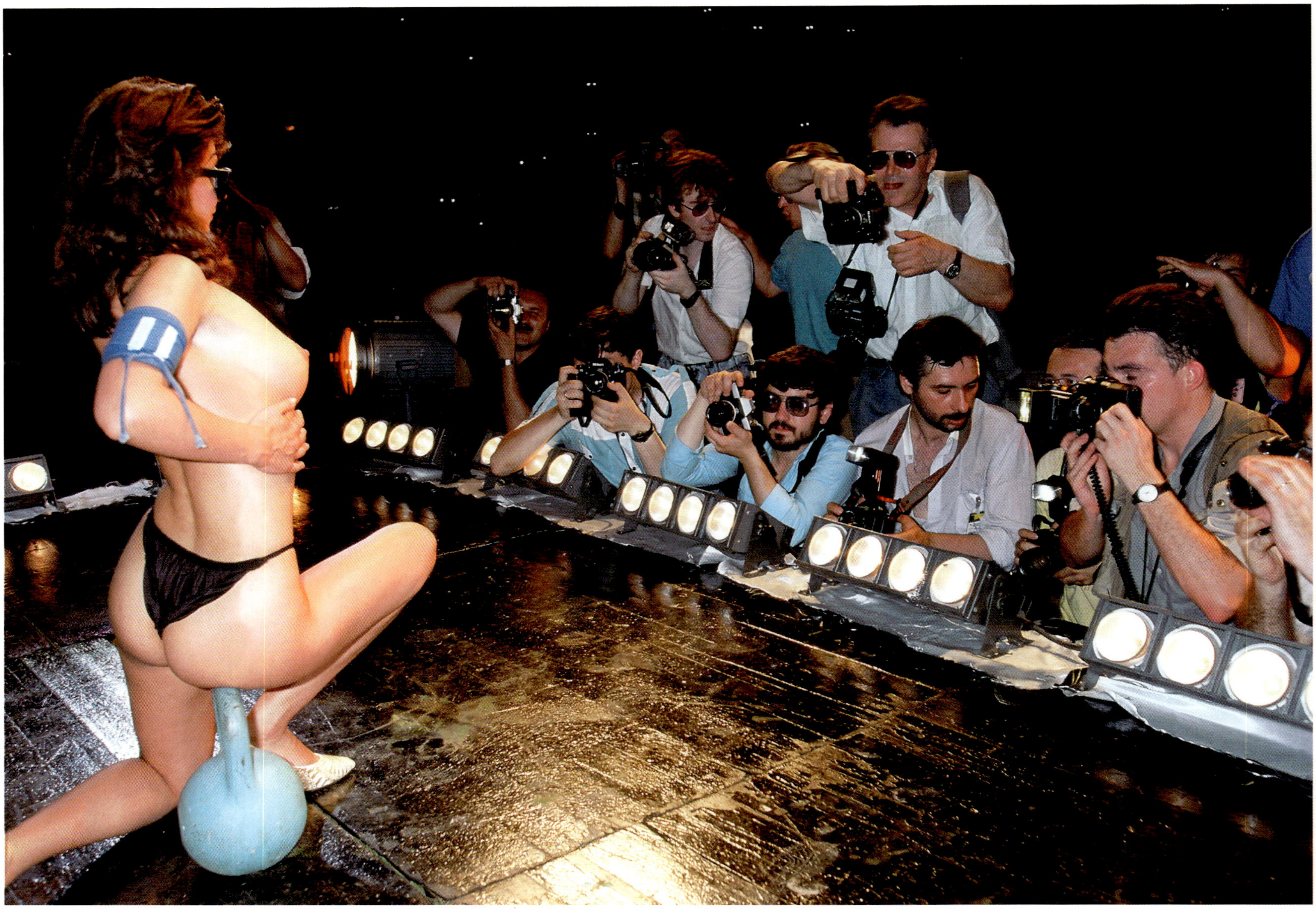

Glasnost und Perestroika – live

Schönheiten präsentieren sich im harten Wettbewerb freiwillig zur Wahl der Moskauer „Miss Busen 1991“. Natürlich hoffen sie auf eine Karriere als Fotomodell

[1991]

Endlich sollen die Puppen tanzen

Die Jugend der puritanischen russischen Gesellschaft will leben wie im goldenen Westen – und Striptease-Wettbewerbe, glaubt man, gehören eben zur Zivilisation dazu

[1991]

„Wir halten Kurs auf den Westen“

Die Bewerberinnen für eine Ausbildung an Moskaus „Striptease-Schule Nr. 1“ träumen vom wunderbaren Leben als Tänzerin in den Bars des Westens. Im Publikum sitzen Männer, die sich, wie sie sagen, nach „Exportware“ umsehen

[1992]

Ein Modell für moderne Ehetherapie

Im Erdgeschoß eines Moskauer Krankenhauses am „Prospekt des Friedens“ hat der erste Sex-Shop der Stadt eröffnet, zu „ehetherapeutischen Zwecken“, heißt es offiziell. Die Gummi-Produkte sind so begehrt, daß sie von jungen Männern bewacht werden müssen

[1991]

Wo
die Sonne
nur wenige
Wochen
scheint

In Norilsk, nahe dem Polarkreis, sinken die Temperaturen im arktischen Winter auf minus 50 Grad. Im kurzen Sommer versuchen Menschen und Tiere, der Trostlosigkeit zu entfliehen

[1993]

Man liebt den blutenden Sieger

Hundekämpfe sind chic in Moskau. Kein Gesetz verbietet sie. Und das zumeist halbseidene Publikum jubelt dem blutenden Sieger im „Dynamo-Stadion“ zu

[1993]

Nacht-wölfe auf heiliger Prozession

Die harten Jungs von den „Night Wolves“ – eine der gefürchtetsten Motorrad-Gangs in Moskau. Ihr Vorbild: die Hell's Angels. Ihr Chef: Sascha, genannt „der Chirurg“ (r.). Weil es „so sentimental“ ist, besucht er mit seinem Freund Roman den Ostergottesdienst im Neujungfrauen-Kloster

[1992]

Das Geschäft mit den Föten

In Rußland dürfen sogar Schwangere in sozialen Notlagen bis zur zwanzigsten Woche abtreiben. Im „Russischen Zentrum für Perinatologie und Geburtshilfe“ werden sie kostenlos und „schonend“ behandelt – wenn sie ihren Fötus dem „Institut für Biologische Medizin“ zur kommerziellen Verwertung zur Verfügung stellen. Das fötale Gewebe wird verarbeitet, tiefgefroren und für Tausende Dollar verkauft – für eine zweifelhafte Therapie, von der sich die Betreiber offiziell die Heilung von schweren Krankheiten erhoffen. Kunden wünschen sich Zellen für „ewige Jugend“

[1993]

ПЕРМЬ

Sie weiß fast alles vom Leben

Irina Mischtschenko ist sechzehn und lebt auf dem Jaroslawler Bahnhof in Moskau. Sie verdient sich Geld mit Bettelei und gelegentlich mit Prostitution. Ihre beste Freundin ist eine alte Trinkerin. Manchmal sperrt die Bahnhofspolizei Irina wegen Herumtreiberei ein. Dann sagt sie: „Ich wohne dort, wo du niemals hinsehen wirst." Und schreit

[1992]

Wo Kinder vergeblich auf die Eltern warten

Tausende Kinder streunen durch Moskau. Wenn sie eingefangen werden, landen sie im städtischen Sammellager, werden entlaust, kahlgeschoren und eingesperrt in Ziegelbaracken hinter Stacheldraht. Hier müssen sie auf ihre Eltern warten, die meistens nicht kommen. Nach TBC und Unfällen ist Selbstmord die häufigste Todesursache bei Rußlands Kindern

[1994]

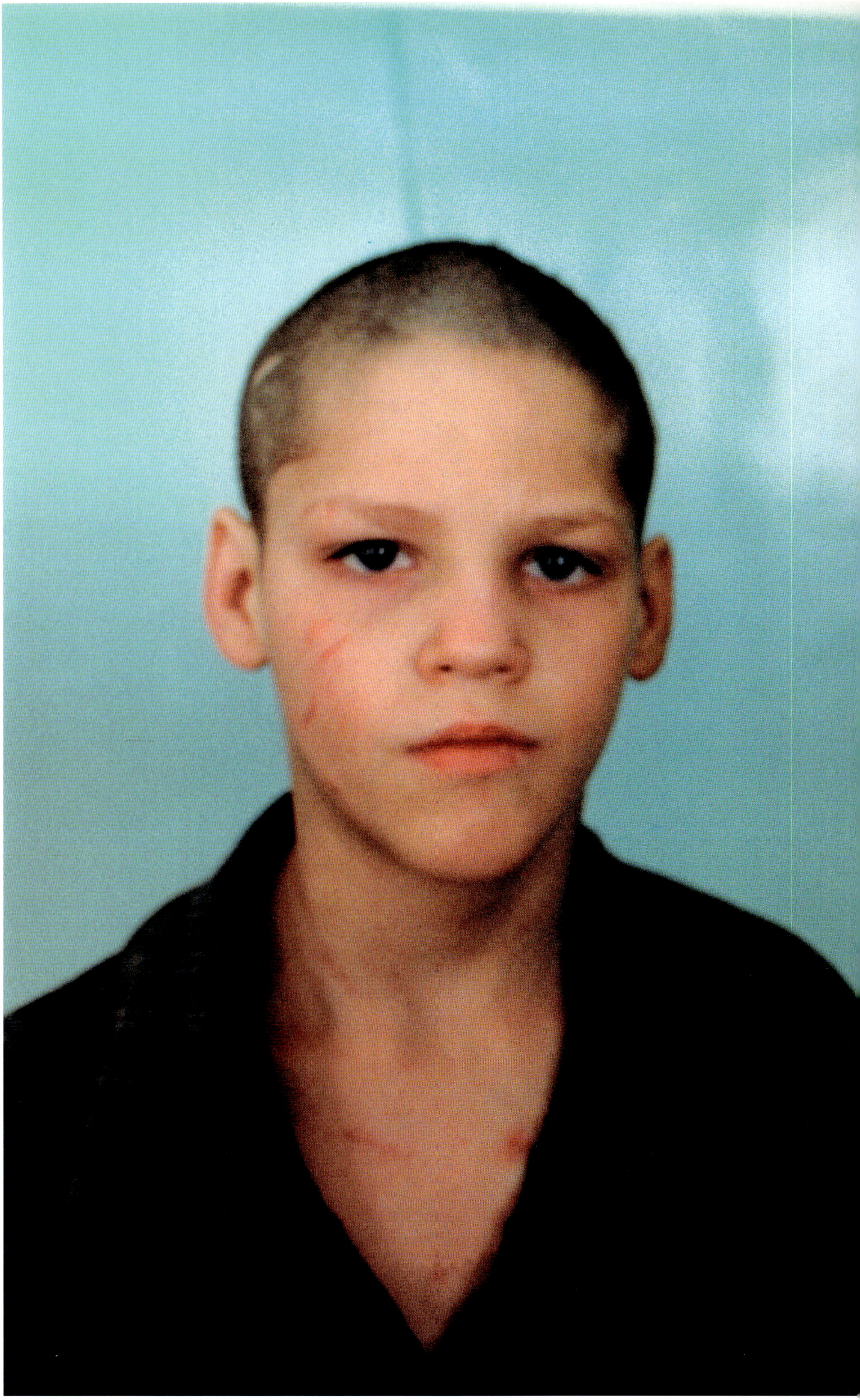

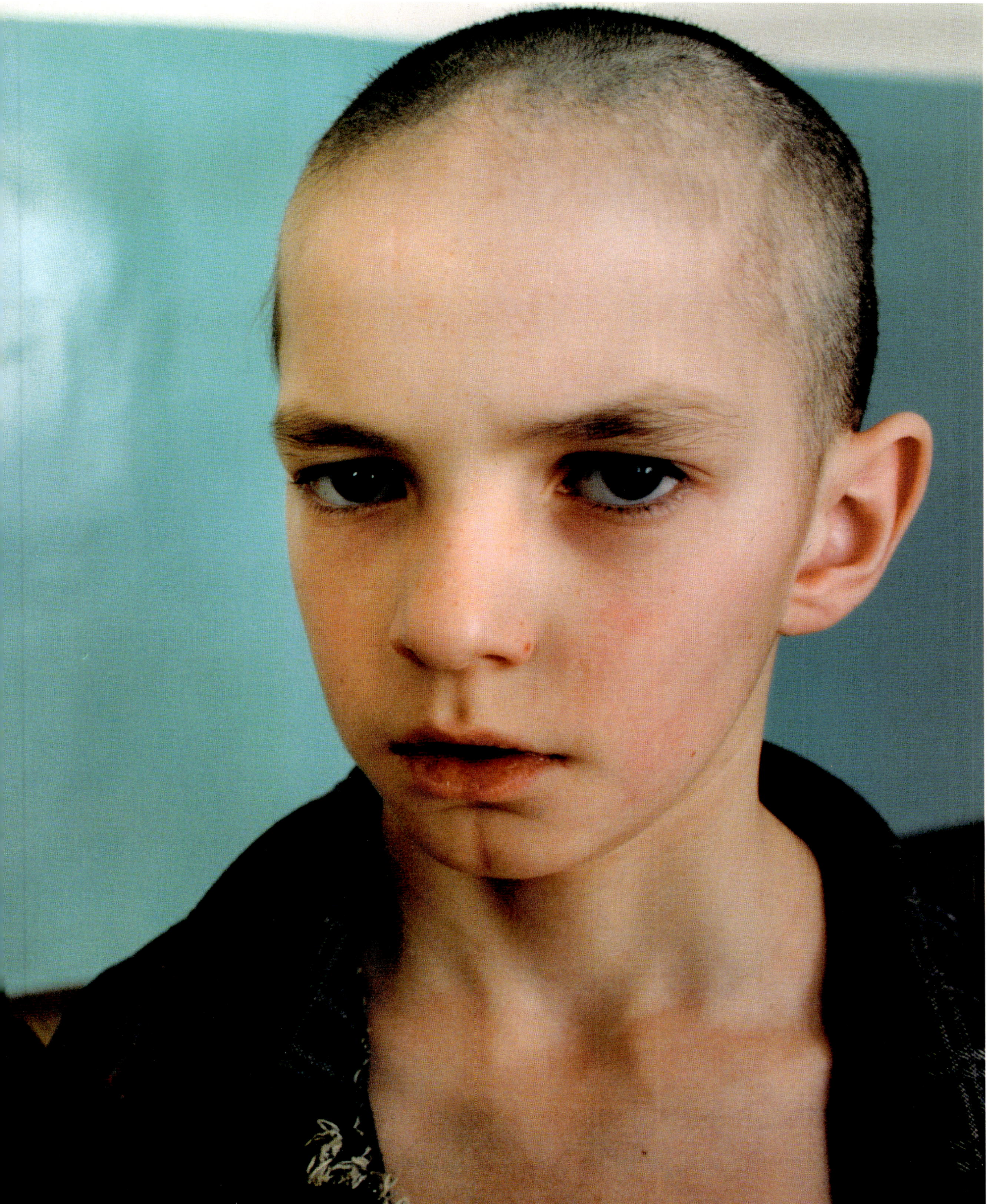

„Sie haben sich nicht mehr bewegt“

Wolodja Jakowlew ist zehn. Und mehrfacher Mörder. Mit seinen Geschwistern lebt er auf dem Puschkin-Platz. Die Moskauer Straßenkinder überfallen die, die noch schwächer sind als sie. So brachten sie mindestens vier hilflose Menschen um. Die Polizei hat Wolodja in Gewahrsam genommen – er wartet auf seine psychisch kranke Mutter, die ihn „befreien“ soll

[1994]

„Niemand kümmert sich um
diese Kinder. Und wir müssen sie
laufen lassen. Meistens sind
sie noch nicht einmal strafmündig.
So werden sie weiter stehlen und
weiter morden. Dann landen sie im
Arbeitslager. Das haben wir nun von
dieser neumodischen Demokratie.
Hoffentlich schlägt sie eines Tages
jemand tot."

Andrej Schpakowskij
Leiter der Milizstation Nr. 156,
Moskau [1994]

Das ausgebeutete Land

Kein Land der Erde hat seine Menschen und seine Ressourcen so hemmungslos vergiftet wie die ehemalige Sowjetunion. In der arktischen Tundra steht die Nickelstadt Norilsk – so heruntergekommen wie die Warmwasserleitungen, die zu ihrem Kupferkombinat führen

[1993]

Das Paradies der Arbeiter

Am Polarkreis scheint im Hochsommer die Sonne auch um Mitternacht. Dann wollen sich die Arbeiter der Norilsker Nickelhütte, der größten der Welt, erfrischen – beim Bad im verdreckten Fluß

[1992]

Wie Schnee fällt Gift auf das Land

Nowokusnezk, die Stadt des Stahls in Westsibirien. Wenn die glühende Schlacke aus den Hochöfen zur Abkühlung in riesige Wasserbassins fließt, wirbeln kristallisierte Schlackefasern hervor. Der Wind treibt sie wie giftigen Schnee über das Land

[1989]

Wo der Alltag Krieg ist

„Buchenwald“. So nennt die Belegschaft ihre Moskauer Metallgießerei. Die Männer kochen Stahl in Martinsöfen aus den dreißiger Jahren. Im Sommer wird es an den Hochöfen bis zu 100 Grad heiß

[1992]

„Wir fressen die Erde“

An den schweren Formpressen in Moskaus Metallgießerei arbeiten vor allem Frauen. Sie ertragen das laute Dröhnen und die monotone Arbeit leichter als Männer, sagen die Schichtleiter. Frauen klagen nicht, heißt es, sie trinken nicht und arbeiten zuverlässig

[1992]

„Wir sind die Geiseln der Hölle“

Vor über vierzig Jahren errichteten Zwangsarbeiter die Nickelhütte von Norilsk. Seitdem hat sich nichts geändert. Die Arbeiter lachen nur über die mobilen Filter an den Schläuchen, die sie mit frischer Luft versorgen sollen: Die Nickelarbeiter von Norilsk haben die höchste Lungenkrebsrate der Welt

[1992]

Industrie-wüsten mitten in der Stadt

Die glühende Schlacke der Nickelhütte Norilsk wird auf berghohe Halden gekippt. Der Wind weht die giftigen Gase über die 300000 Einwohner der Stadt. Die Abgase aus den Fabrikschloten werden selbst im fernen Alaska gemessen

[1992]

Der Fortschritt steht still

Seit dreizehn Jahren wird am Wasserkraftwerk Kodinsk an der Angara gebaut. Man hatte ein Zentrum für Schwerindustrie nahe der sibirischen Kleinstadt geplant. Aber daraus wird wohl nichts, befürchten die Arbeiter und gehen eisfischen am zugefrorenen Fluß

[1990]

Eine Wunde im gefrorenen Herz der Erde

Die staatlichen Diamantensucher haben gigantische Krater in den sibirischen Dauerfrostboden gesprengt. Im jakutischen Mirnyj sind sie 400 Meter tief vorgedrungen, um diamantengespickte Felsbrocken herauszuholen. Nahe der Förderstellen wurden unterirdische Atombomben gezündet, um Auffangbecken für die Abwässer der Diamantenwäsche zu schaffen – die Bevölkerung wußte nichts davon

[1993]

Katastrophen sind Übungssache

Auf den Ölfeldern des westsibirischen Tjumen ist wieder einmal eine Pipeline geplatzt. Das heiße Öl taut den Schnee. Elektriker sichern die Stromleitungen – ein Funke, und alles stünde in Flammen. Jeden Tag kommt es zu Dutzenden solcher Unfälle in diesen Fördergebieten, die zwei Drittel der russischen Produktion an Öl und Gas liefern – Gas auch für Deutschland

[1989]

Das „letzte Land" geht verloren

Unter der arktischen Halbinsel Jamal werden die größten Gasreserven der Welt vermutet. Bereits die Probebohrungen und ersten Siedlungen zerstören den Ureinwohnern vom winzigen Eskimo-Stamm der Nenzen Weidefläche für ihre Rentiere. Für die Kinder des Jamal, des „letzten Landes", gibt es hier keine Zukunft – das Volk stirbt aus

[1993]

Frühjahrsputz im Land des Öls

Milliarden Tonnen Öl wurden im westsibirischen Nischnewartowskaus aus den Sümpfen von Samotlor gepumpt, dem größten Ölfeld der Welt. Aber Millionen Tonnen versickern in der Erde und verpesten die Flüsse. Kleine Dämme sollen das schwarze Unheil aufhalten

[1992]

Wir werden dich zerstören,
alte, romantische Welt!
Anstelle des Glaubens tragen
unsere Seelen
Elektrizität und
Dampf.

Trotzt der Armut,
beraubt die Reichen aller Welten!
Alte Männer? Tötet sie.
Und nehmt ihre Schädel als
Aschenbecher!

Wladimir Majakowskij
Lyriker [1920]

Probleme werden weggesperrt

Das St. Petersburger Untersuchungsgefängnis „IZ 45/1“, genannt „die Kreuze“, sperrt seine Gefangenen in hoffnunglos überfüllte Zellen. Manchmal warten sie hier jahrelang auf ihre Gerichtsverhandlung

[1991]

„Unser Kampf ist aussichtslos“

Die schwerbewaffneten Sonder-Einsatztruppen der Polizei, OMON, machen sich fertig zur Razzia in St. Petersburg. Sie sind schlecht bezahlt und frustriert, ihre Gegner besser bewaffnet und clever. Viele Polizisten kündigen oder laufen über zur mafiosen Gegenseite

[1991]

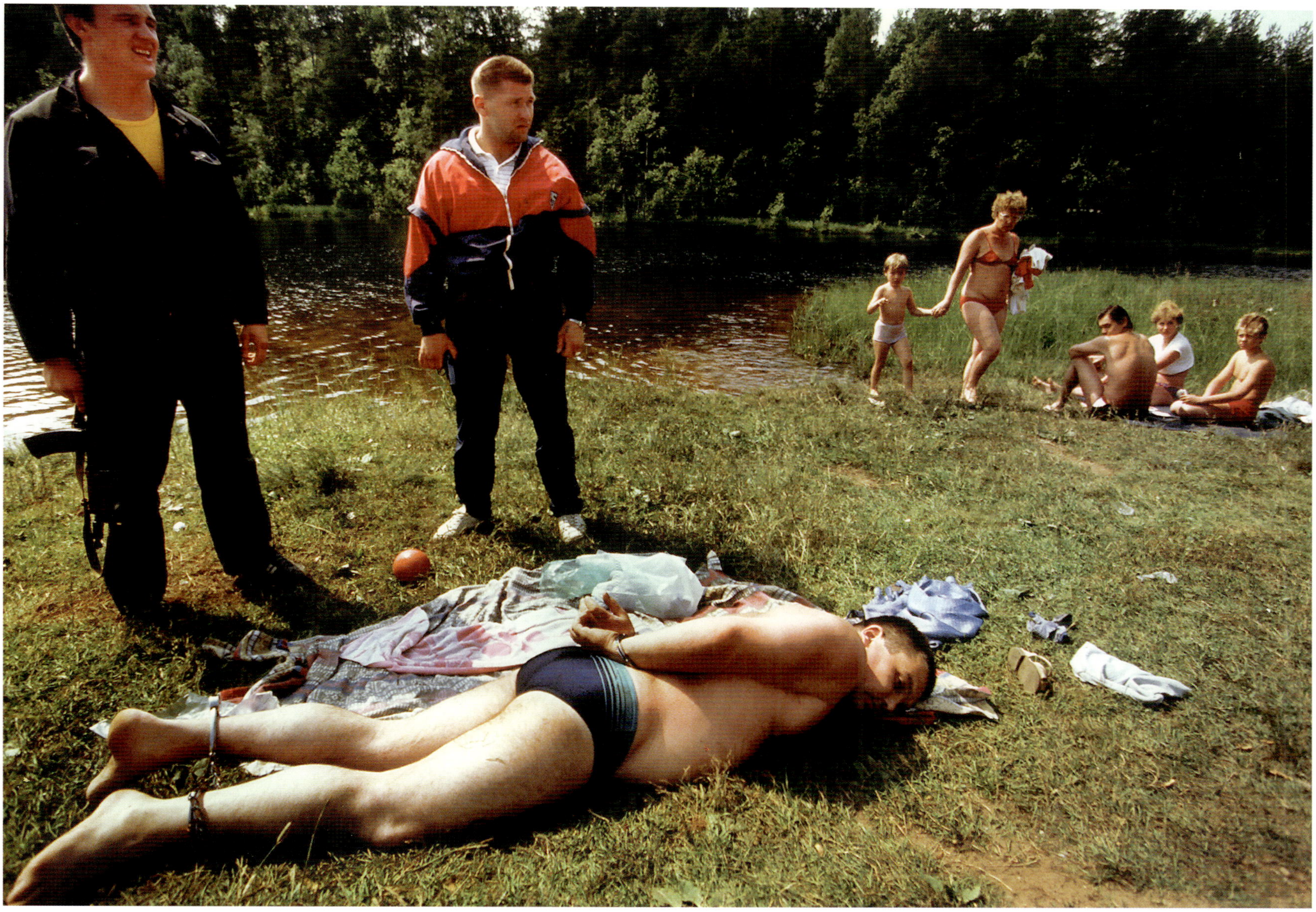

Das Ende eines Badeausflugs

Auch Mafiosi nehmen sich mal frei. Nach einem Muskeltraining wollte dieser Petersburger gerade ein Sonnenbad nehmen, als die Hand- und Fußschellen klickten. Als „boewik“ (Kämpfer) ist er weit unten in der Rangordnung der „Mafija“.

[1991]

Unerwarteter Besuch am Abend

Erpresser aus Tambow hatten St. Petersburger Prostituierte bedroht und abkassiert. Die OMON brach die Wohnung eines Verdächtigen auf. Man findet eine Tüte voll Geld und ein schußbereites MG – aber verhaftet werden meistens die „kleinen Fische“

[1991]

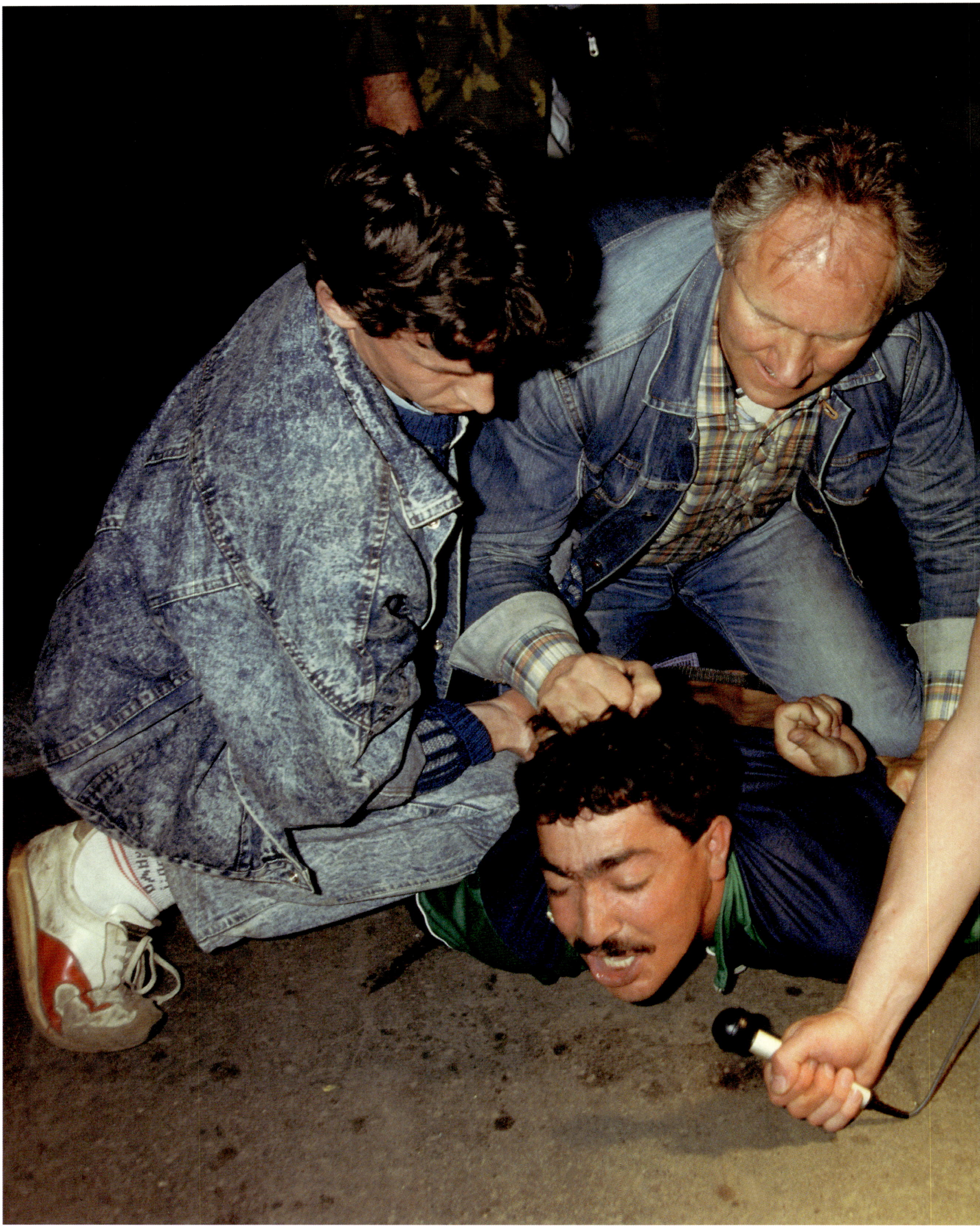

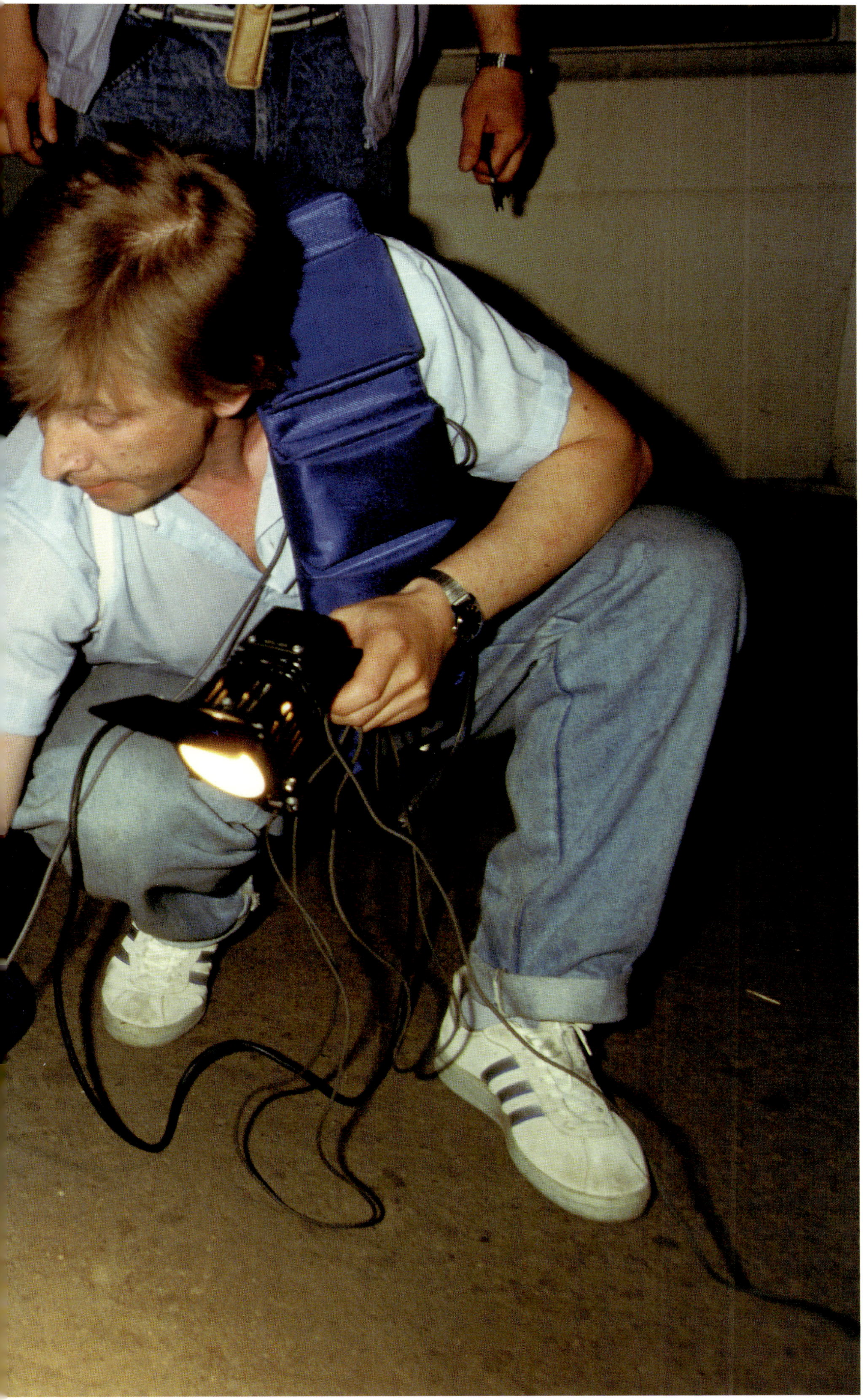

Verhör auf ganz moderne Art

Mitarbeiter des Sicherheitsministeriums, Nachfolger des KGB, haben einen mutmaßlichen Erpresser erwischt und demonstrieren geballte Staatsmacht. Antworten auf die einprasselnden Fragen werden mit Video aufgezeichnet – sie dienen später der Anklage als Beweis

[1991]

Mit starkem Bier und leichten Mädchen

Vier Clans beherrschen St. Petersburg, unter ihnen die „Kasaner Bande“. Wegen des Verdachts auf versuchte Entführung und Raub stürmte die Polizei eine Privatsauna, in der sich mutmaßliche Mitglieder bei einer nächtlichen Party vergnügten. Am frühen Morgen mußte sie die Herren wieder freilassen, mangels Beweisen

[1991]

Verhaftungen – gleich im Dutzend

Im Hauptquartier der Kripo von Ekaterinburg warten verhaftete Mitglieder der „Uralmasch-Bande“ auf ihr Verhör. Sie müssen flach liegen – es gibt keine Zellen. Längst beherrscht die Organisierte Kriminalität ganze Landstriche. Das sibirische Ekaterinburg ist eine ihrer Hochburgen

[1992]

Wo Mädchen zur billigen Ware werden

Moskaus Bahnhöfe werden von jungen Männern aus dem Kaukasus kontrolliert. Sie kassieren die Straßenhändler ab und verkaufen junge Mädchen. Manchmal bedienen sie sich auch selbst, wie hier hinter dem Jaroslawler Bahnhof

[1992]

Das große Geschäft der Zukunft

Hoch in den Bergen der mittelasiatischen Republik Tadschikistan vernichten Sondereinheiten der Polizei Schlafmohnfelder. Auf Tausenden Hektar pflanzen die armen Bauern den opiumhaltigen Mohn an. Die ehemalige Sowjetunion ist auch zum Transitland für Drogen aus Afghanistan geworden

[1991]

Protokoll eines schnellen Todes

Man fand ihn in einem Moskauer Treppenhaus – die Kugel aus einer selbstgebastelten Pistole traf den jungen Mann mitten ins Herz. Vermutlich wurde er Opfer einer „geschäftlichen Auseinandersetzung“. Gelangweilt nimmt ein Untersuchungsbeamter das Protokoll auf. Längst werden in Rußland mehr Menschen ermordet als in den USA

[1991]

Ein Mord trifft die Seele der Nation

Wladislaw Listjew, einer der beliebtesten TV-Moderatoren und einer der Direktoren des staatlichen Fernsehsenders Ostankino, wurde im März 1995 im Eingang seines Hauses von Profi-Killern erschossen. Hunderttausende gaben Listjew das letzte Geleit – seine Beerdigung wurde zu einer politischen Demonstration

[1995]

Ein Blick aus der Todeszelle

Zelle 114, Gefängnis Orjol. Häftling Wladimir Iljin, 33, wegen vierfachen Mordes verurteilt zum Tode durch Erschiessen. Seine letzte, schwache Hoffnung ist ein Gnadengesuch an den Präsidenten. Aber in Rußland gilt die Todesstrafe immer noch als sicherster Weg zur „Säuberung" von „kriminellen Elementen"

[1994]

Das beste Bett für den Boß

Der schnauzbärtige Konstantin Jakowlew, genannt „das Grab", gilt als eine der Autoritäten der Petersburger Unterwelt. Er kam wegen Verdachts auf Erpressung in U-Haft. Mittlerweile lebt „das Grab" als Geschäftsmann in Deutschland und Italien

[1991]

Markiert für ein langes Lager-Leben

Die Tätowierung ist die wahre Sprache der Sträflinge, auch im Lager 272/32 an der Transsibirischen Eisenbahnstation Sima. Zahlen, Zeichen und Körperbilder erzählen die kriminelle Biographie des „Zek“, des Gefangenen. Sie zeigen den Platz in der Lagerhierarchie. Zeigen, wer kommandieren und vergewaltigen darf. Wer gegen die strengen Lager-Gesetze verstößt, ist des Todes

[1990]

Das Bad der „besonders gefährlichen“ Frauen

Im Arbeitslager UT 389/28 in Beresniki, Kreis Perm, sind 770 Frauen der angeblich gefährlichen Art eingesperrt – als mehrfach vorbestrafte „Rezidivistinnen“ verbringen die meisten hier ihr Leben. Einmal am Tag dürfen sie ins Badehaus. Einige von ihnen gerieten schon unter Stalin ins Lager – als Kinder hatten sie während der Hungersnöte Brot gestohlen

[1993]

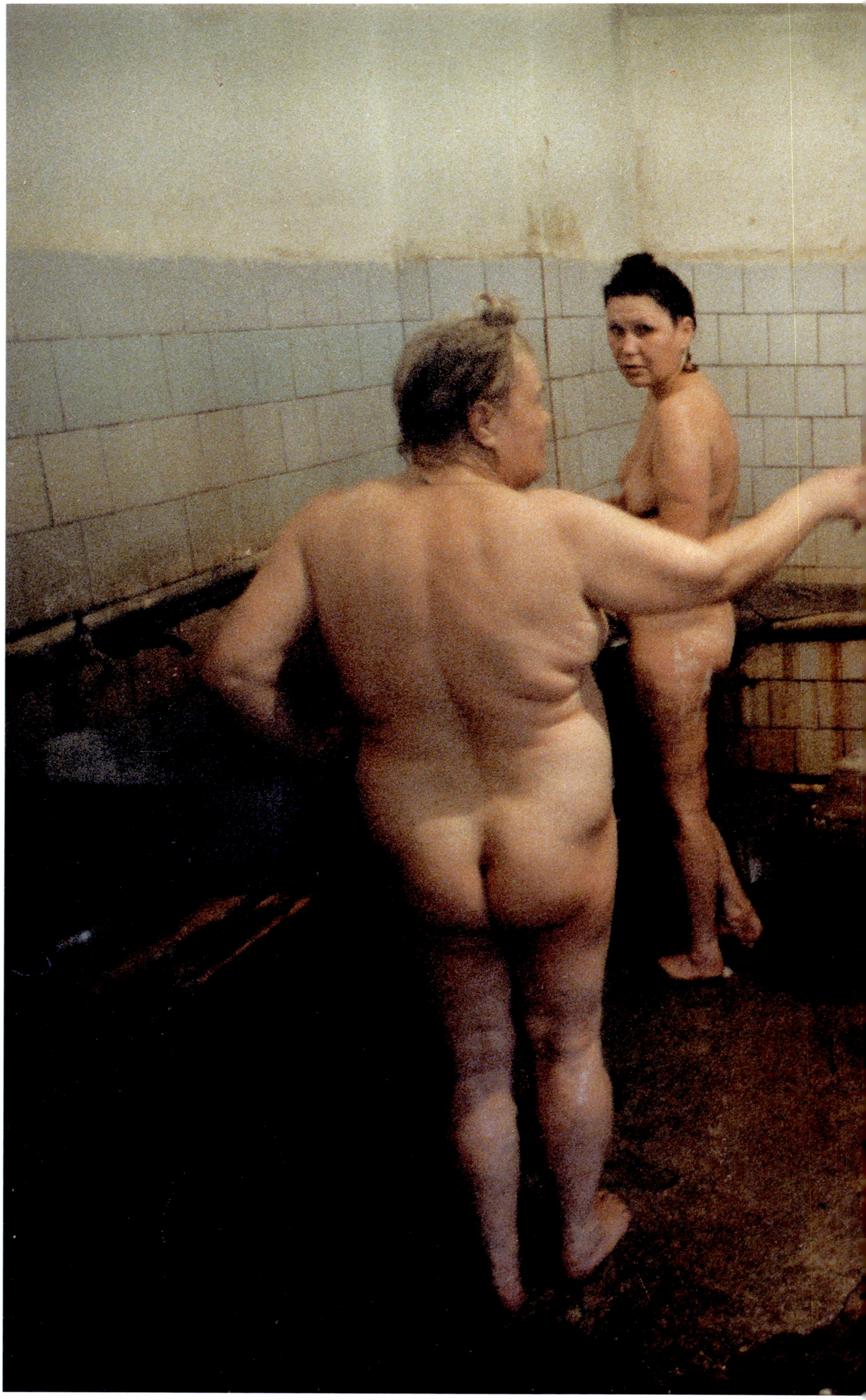

BB

Der Menschen-käfig

Frühmorgendlicher Abtransport zur Arbeit im Straflager Nr. 272/32, Station Sima, an der Transsibirischen Eisenbahn. Kategorie: „strenges Regime“. Wer nach zehn, fünfzehn Lagerjahren entlassen wird, bleibt ohne Wohnung, ohne Arbeit. Beinahe jeder kommt zurück

[1989]

Ein Bruderkuß zum letzten Abschied

Auf der Suche nach einem verschollenen Kollegen war der Milizionär Michail Samoilow mit einer Handgranate ermordet worden. Kameraden verabschieden sich mit Bruderkuß. Zurückbleiben, mit einer Rente weit unter dem Existenzminimum, seine Frau und die elfjährige Tochter Tatjana

[1991]

„Wir haben doch
jahrzehntelang in einem
Verbrecherstaat gelebt.
Damals hat die Partei das
Volk bestohlen. Heute
regiert die Mafia das Land.
Ständig kommen wir zu spät.
Und manchmal glaubt man,
alle seien irgendwie
Verbrecher."

Nikolaj Gorbatschewskij
Leiter der Abteilung Organisierte Kriminalität,
Polizei St. Petersburg [1991]

„Laßt uns das Leben verbrennen“

Die Metal-Rocker der Gruppe „Elektroschock-Therapie“ spielen im Moskauer Luschniki-Stadion. Sie singen von Nutten und den Vergewaltigungen im Straflager. Und ihre begeisterten Fans wünschen das verfluchte Leben zur Hölle

[1992]

Ein Käfig schützt die wilden Mädchen

Hinter den Eisengittern im Moskauer Jugendclub „Otradnoe“ hämmern die schrillen Töne der Musikerinnen von der Trash-Band „Frauenkrankheit“. Sie singen vom amerikanischen Traum und vom russischen Sklaven. Dazu trinken die Zuhörer Unmengen Bier und rauchen Marihuana aus Mittelasien

[1992]

MAGIC

Wieder einen Tag überlebt

Heavy Metal und dröhnender Trash im „Otradnoe“, dem Treffpunkt der Punks in Moskaus Norden

[1992]

Kandidatin für den Traumjob

In den zugigen Umkleidekabinen des Moskauer „Gorbunow-Kulturpalastes“ warten Mädchen auf ihre Musterung. Sie wollen Arbeit als Showgirls bei einer der Heavy-Metal-Gruppen. Da müssen sie auf der Bühne tanzen – ziemlich nackt

[1993]

Die Show-girls des Teufels

„Ab zur Exekution", sagen Ljudmilla und die maskierte Oksanna, wenn sie zu ihrer Gruppe „Korosija Metala" auf die Bühne eilen. Denn da draußen toben die Fans, und der Bandleader schreit: „Unser König ist der Teufel"

[1993]

„Rußland wird sich erheben“

So singen die bösen, jungen Männer der Trash-Metal-Band „Korosija Metala“. Der Zwerg gehört zum Programm, er fühlt sich „wie ein deutscher Landser vor Stalingrad“ und darf sich auf der Bühne über die Showgirls hermachen. „Er hat doch Probleme mit den Frauen“, sagen sie

[1993]

Aufgepeppt für Moskaus wilde Nächte

Im Moskauer Kreml-Palast, einst Veranstaltungsort kommunistischer Parteitage, präsentieren sich Models in den reizenden Kreationen des Modemachers Michail Panteleejew

[1995]

Bunte Avantgarde gegen die Langweile

Dem Underground ist die Perestroika längst langweilig geworden: „Jetzt ist doch nichts mehr verboten.“ Da will man sich wenigstens auf den abendlichen Partys ausgeflippt zeigen – etwa in Kreationen des Petersburger Designers Konstantin Gontscharow

[1993]

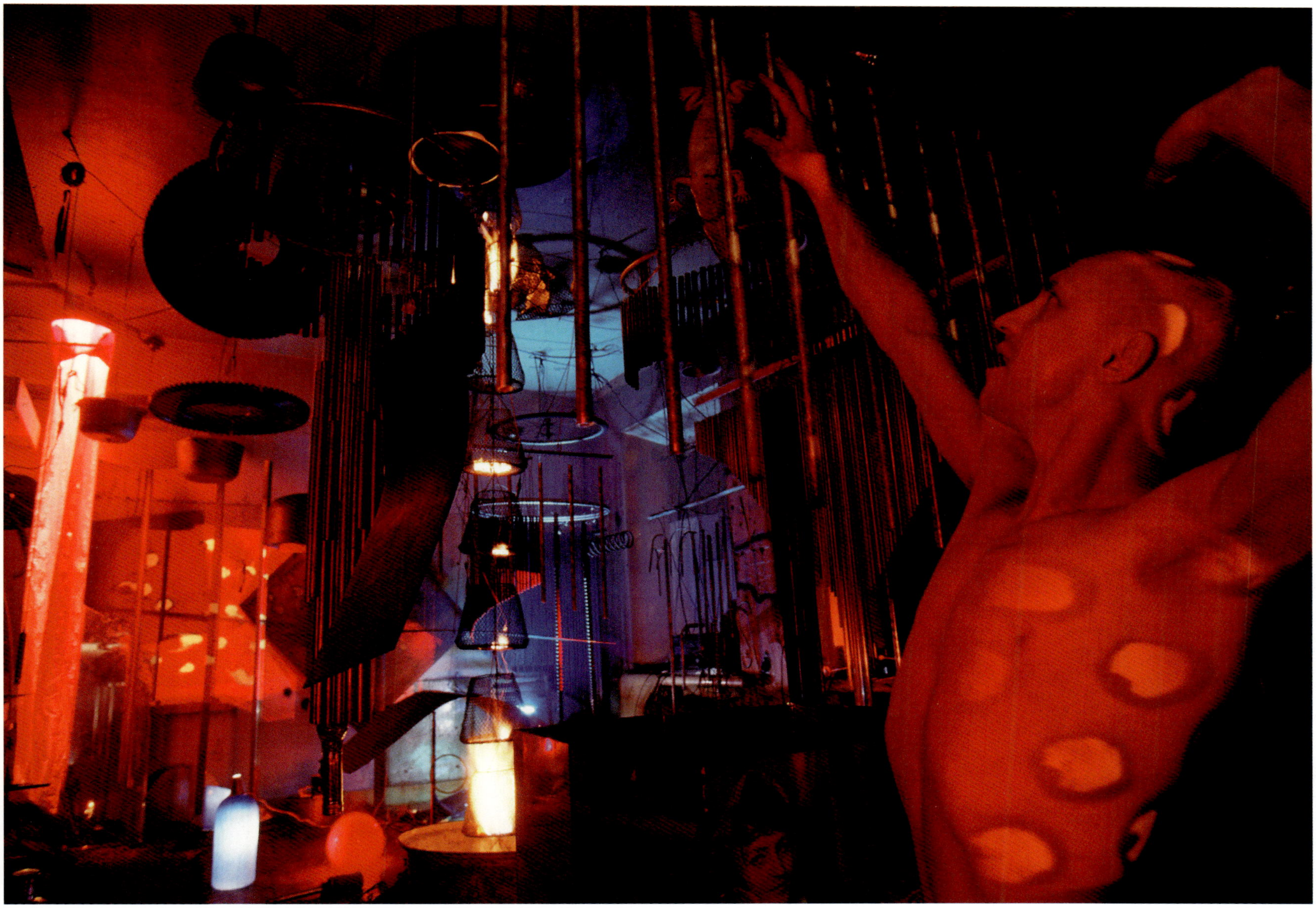

Ein Hauskonzert mit Feuerzauber

Jeden Sonntag lädt der Hausbesetzer, Musiker und Lebenskünstler Georgij Winogradow zu Sphärenklängen und Feuerzauber in sein Zimmer. Nach dem Konzert gibt's Plätzchen und Tee – gewöhnlich kommen um die zehn Zuhörer

[1993]

Kleines Vergnügen für das Volk

In den dunklen Gängen der Moskauer Metro verschenkt der Designer Andrej Bartenew ein strahlendes Lächeln. Auch sein Anzug mit mutigem Knopf-Design kommt an bei der Bäuerin aus der russischen Provinz

[1993]

Allein mit vielen traurigen Gesichtern

Der Maler Dmitrij Wrubel nutzt seine Ein-Zimmer-Wohnung auch als Atelier und Galerie. Seine Portraits erzählen von Russen und Deutschen – also von Krieg und dem Wesen der Diktatur. Kaum jemand aber verirrt sich zu ihm: „Politische Künstler werden nicht mehr gebraucht.“

[1993]

„Unser Leben ist wie im Märchen“

Der allrussische Jungkünstler Wladislaw Mamyschew, genannt „Monro“, kommt auf Partys gerne als Marilyn. „Sie ist der Superstar unseres Jahrhunderts“, meint er, läßt die Röcke fliegen und zeigt, was er zwischen den rasierten Beinen hat

[1993]

Die bizarren Kinder der Perestroika

Der Moskauer Designer Andrej Bartenew sucht „Schönheit in sinnlosen Dingen“ und Spaß in Kostümen aus Pappmaché, in denen er seine Freunde bei Performances durch die Welt schweben läßt

[1993]

„Ich kann überall sein“

Der Musiker und Maler Aleksej Tjegin lebt unter blauem Licht in einem silbernen Zimmer. Die Fenster führen hinaus zum Moskauer Kreml, aber sie bleiben meistens verhangen. Wenn Tjegin trommelt und seine monotonen Lieder brüllt, gibt es keinen Tag mehr und keine Nacht

[1993]

„Wir gewinnen die Welt“

Die St. Petersburger Kids lieben die Fußgänger-Unterführung am Newskij-Prospekt. Da spielen Musiker auf dem Saxophon, da verkaufen Privatleute junge Hunde, und am Zeitungsstand gibt's Hefte mit Sex-Bildern: Für sie ist Rußland wie ein bunter Karneval

[1992]

Und endlich kommt der ersehnte Flash

„Bazilla“ heißt das Punk-Mädchen, das in den Bombenschutz-Kellern lebt. Hier verkochen Moskaus Punks opiumhaltigen Schlafmohn aus Mittelasien mit Schlaftabletten, ziehen schmutzige Spritzen auf und verlieren sich in der Zeit

[1993]

РАБОТУ
RIGHT NOW
TOTAL CHAOS
IRON MAIDEN
УБЕЖИЩА ВСТРОЕННОГО ТИПА

Zum schnellen Spaß in den „Tempel der Wut“

Im „Bunker“, der St. Petersburger Techno-Disco in einem Bombenschutz-Keller, trifft sich die Jugend lange nach Mitternacht. „Tempel der Wut“ heißen die Discos bei den „modniki“, bei denen, die „in“ sind. Man gibt sich ganz cool und ist stolz auf die selbstgemachten fluoreszierenden Sonnenbrillen

[1993]

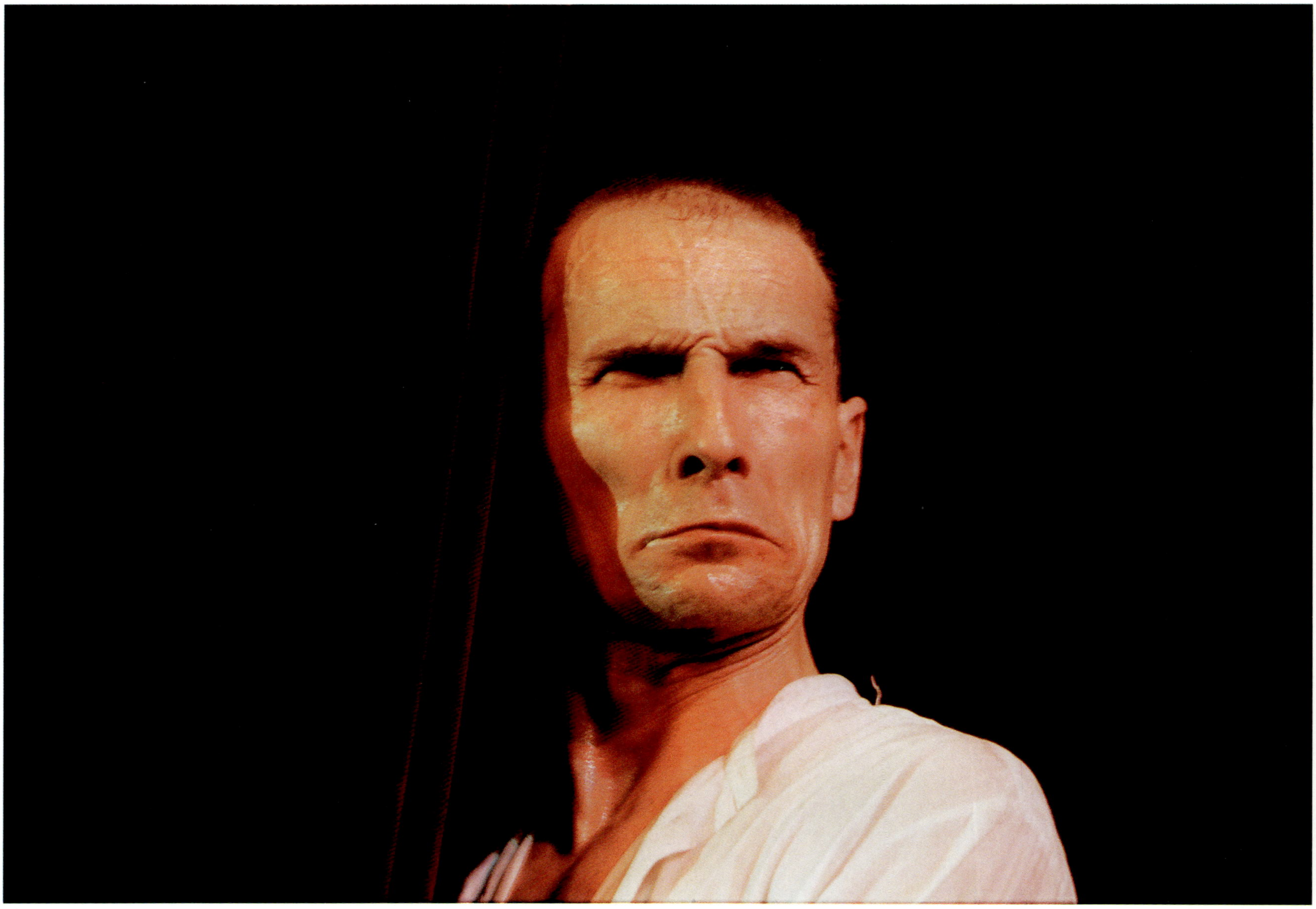

„Laßt uns niemals sprechen über die Liebe“

Pjotr Mamonow, Sänger der Gruppe „Zwuki Mu“, Schauspieler und Moskauer Gesamtkunstwerk, verfällt auf der Theaterbühne in kalkuliert epileptisches Toben. Und singt traurige Lieder über die Menschen, die überlebt haben – gegen das System

[1993]

„Ich bin schmutzig.
Ich bin erschöpft.
Mein Hals ist so dünn.
Deine Hand zittert nicht,
wenn du sie ausrenkst.
Ich bin so schlimm
und ekelhaft.
Ich bin schlimmer als du.

Niemand kann mich leiden.
Ich bin Abfall.
Ich bin Dreck.

ABER ICH KANN FLIEGEN"

Zwuki Mu
aus dem Song „Die graue Taube"
[1986]

Fröhlich. Frech. Und frei

Weit hinter dem Ural, in Ulan-Ude, der Hauptstadt Burjatiens. Vor einer Gedenktafel für die Gefallenen des „Großen Vaterländischen Krieges" erobern sich Burjaten-Kinder ihre Welt. Die buddhistische Minderheit wurde von Stalin unterdrückt. Im Osten stehen die Grenzen jetzt weit offen nach China und in die Mongolei

[1989]

„Mach keinen Unterschied
und knips nur, liebe Kodak,
Solang das Auge Linse,
Mundschenk, Vogel ist,
Und nicht ein Stückchen Glas.
Mehr Hell-und-Dunkel,
Und mehr noch, mehr!
– Die Netzhaut:
sie ist hungrig“

Ossip Mandelstam
Lyriker, aus „Moskauer Hefte“
[1930-1934]

Nachwort

Fotojournalismus entsteht aus der Verbindung eines Reportagetextes mit den Bildern eines Fotografen. Zusammen vermitteln sie dem Leser ein tieferes Verständnis des jeweiligen Themas, als es Schreiber und Fotograf für sich alleine könnten.

Es war ein außerordentlich glücklicher Umstand, daß ich über einen Zeitraum von fünf Jahren mit der Moskauer „Stern"-Korrespondentin Katja Gloger arbeiten konnte, die die Texte zu den Reportagen schrieb, denen fast alle Fotografien aus diesem Buch entstammen.

Ohne ihr tiefgehendes Wissen über Rußland,ihre weitreichenden Kontakte, ihre Sensibilität, Entschlossenheit und Sprachkenntnisse wären mir sehr viele Fotomöglichkeiten verschlossen geblieben.

Ihre besondere Art, mit russischen Menschen umzugehen, führte dazu, daß Prostituierte und „Heldinnen der Sowjetunion", Straßenkinder, Armeegeneräle und selbst die von Beruf mißtrauischen Polizisten der Abteilung „Organisierte Kriminalität" und viele andere uns vertrauten, uns in ihre Arbeit und ihr Leben eindringen ließen. Sie hat mir Rußland und seine Menschen nahegebracht, indem sie ihre Freunde zu meinen machte.

Ich danke ihr auch für die Einleitung zu diesem Buch und die Bildtexte, die alle aus ihrer Feder stammen.

Und dann sind da Dirk Bartos und Andreas Kersten. Konzeption und Design stammen von ihnen. Ohne ihren Enthusiasmus und Einsatz wäre aus dem Projekt nichts geworden. Nächtelang haben sie am Computer gesessen, bis die letzte Zeile und Seitenzahl stand. Jungs, ich danke Euch!

Das gilt auch für Achim Conring, der alle Fotos eingescannt hat.

Ebenfalls bin ich Jewgeni Popow zu großem Dank verpflichtet, den ich an einem Märznachmittag mit dem Wunsch nach einem Vorwort „überfiel" und der dieser Bitte dann kurzfristig in so hervorragender Weise entsprach.

Natürlich ist es auch schön, für den „Stern" zu arbeiten, der es sich, wie kaum ein anderes Magazin der Welt, noch leistet, Fotografen mit großen Reportagen zu beauftragen – in einer Zeit, in der journalistisches Fastfood immer mehr die Blätter erobert.

Wolfgang Behnken und Elisabeth Biondi ließen mir viel Freiheit und faßten sich in Geduld, wenn ich nicht immer pflegeleicht war.

Dank schulde ich auch Nadja, dem „guten Geist" in unserem Moskauer Büro für ihre unverzichtbare Hilfe bei der Organisation unserer Reportagen und Tanja, deren Fürsorge mich davor bewahrte, nur von Schokolade und Keksen zu leben.

„Spasibo" ganz besonders unserem Fahrer Wassili, der für alle praktischen Probleme eine Lösung hatte, sich auch über 15-Stunden-Tage nie beklagte und bei einer Verfolgungsjagd, trotz heftiger Schießerei, auf Tuchfühlung zum Geschehen blieb und mein Auto dabei sicher durch alle Straßengräben fuhr.

Meine Zeit in Rußland wäre mir auch schwer vorstellbar ohne unsere gute Freundin Marina Apriatina und ihre Söhne Aljoscha und Serjoscha. 1989 und '90 habe ich über Wochen nachts Gastrecht auf ihrer Wohnzimmercouch genossen. Bis heute blieben sie meine Berater fürs russische Leben. Ähnliches gilt auch für Wladimir Poeljow und Aljona.

Christiane Breustedt und Peter Mathias Gaede danke ich, daß ich mich bei ihnen all die Jahre hindurch über die Probleme des Fotografenlebens „ausweinen" konnte, ohne daß ich mich sonst viel sehen ließ.

Anna Winand und Cornell Capa vom International Center of Photography sowie David Friend von „Life Magazine" in New York fühle ich mich ebenfalls zu Dank verpflichtet. Sie haben meine Arbeit aus Rußland mit Engagement gefördert und dem amerikanischen Publikum zugänglich gemacht.

Und dann gibt es noch die vielen ungenannten Menschen zwischen Sankt Petersburg und Magadan, die uns mit ihrer Gastfreundschaft und Hilfe die Arbeit ermöglichten. Die uns in die häßlichen Hinterhöfe des russischen Lebens am Ende der Perestroika schauen ließen, obwohl sie sich ihretwegen schämten. Ich habe großen Respekt vor ihnen und weiß, daß sie ihr Land lieben, trotz ihres oft schweren Lebens.

Wir haben uns journalistisch immer nur Teilbereichen dieser Gesellschaft im Umbruch nähern können. Pflicht war natürlich die aktuelle Berichterstattung über politische Vorgänge, Putsche, Interviews usw. Diesen Bereich habe ich in dem Buch auf einige Fotos von den Ereignissen im Oktober 1993 beschränkt.

Denn uns interessierten vorrangig die vielen weißen Flecken auf der journalistischen Landkarte der Sowjetunion. Westliche Journalisten hatten bis dahin weite Teile des Landes nicht bereisen dürfen. Vom Nickelkombinat in Norilsk bis zur Kirow-Werft in Sankt Petersburg, von der Diamantenmine in Yakutien bis zum Hirnforschungsinstitut in Moskau war für uns „Terra incognita".

Auch wußten 1990 erst wenige von dem wachsenden Einfluß krimineller Strukturen auf die russische Gesellschaft, und kaum einer kannte die katastrophalen ökologischen Notstandsgebiete Sibiriens.

Die Rote Armee erlaubte erste Einblicke in eine verschlossene Welt, und die zerfallenden Zeugnisse der stalinschen „Gulags" wurden für unsere Augen freigegeben.

So kam es zu einer Anhäufung von Bildern der „dunkleren" Seiten des russischen Lebens. Sie zeigen nicht das ganze Rußland, und doch sind sie alle wahr.

Ich fand es vermessen, dieses größte Land der Erde, in seiner stürmischen Wandlung, seiner Vielschichtigkeit, mit seinen verschiedenen Kulturen, Landschaften und Menschen, fotografisch in ein einziges Buch zwängen zu wollen, und habe es erst gar nicht versucht.

Die Neugierde auf das Leben der „normalen" Menschen, denen Jewgeni Popow in seinem Vorwort die Zukunft verspricht, wird mich aber auch in den nächsten Jahren mit der Kamera in der Hand nach Rußland ziehen.

Hans-Jürgen Burkard